经管类应用型本科人才培养实训系列教材

张宏远　任真礼　主　编
胡志健　徐永其　副主编

工商管理
综合实训教程
（第二版）

Gongshang Guanli Zonghe Shixun Jiaocheng

东北财经大学出版社
Dongbei University of Finance & Economics Press
大　连

图书在版编目（CIP）数据

工商管理综合实训教程/张宏远，任真礼主编. —2版. —大
连：东北财经大学出版社，2023.2
（经管类应用型本科人才培养实训系列教材）
ISBN 978-7-5654-4798-3

Ⅰ.工… Ⅱ.①张… ②任… Ⅲ.工商行政管理-高等学校-教
材 Ⅳ.F203.9

中国国家版本馆CIP数据核字（2023）第028802号

东北财经大学出版社出版
（大连市黑石礁尖山街217号 邮政编码 116025）
网 址：http://www.dufep.cn
读者信箱：dufep@dufe.edu.cn
大连雪莲彩印有限公司印刷 东北财经大学出版社发行
幅面尺寸：170mm×240mm 字数：162千字 印张：9.75
2023年2月第2版 2023年2月第1次印刷
责任编辑：孙 平 责任校对：吴 奂
封面设计：张智波 版式设计：原 皓
定价：32.00元

教学支持 售后服务 联系电话：（0411）84710309
版权所有 侵权必究 举报电话：（0411）84710523
如有印装质量问题，请联系营销部：（0411）84710711

总　　序

随着我国产业结构转型升级和现代产业体系的建立，社会迫切需要大批高素质的应用型人才。应用型人才能够将专业知识和技能应用于所从事的专业社会实践，熟练掌握社会生产或社会活动所需要的基础知识和基本技能。应用型人才培养的特点是以就业为导向，适应技术进步和生产方式变革以及社会公共服务的需要，专业设置与产业需求对接，坚持校企合作、工学结合，强调教学、学习、实训相融合。与学术型、工程型人才培养不同，应用型人才培养需要加大实习、实训在教学中的比重，创新顶岗实习形式，强化以育人为目标的实习、实训。

由于大学生实践训练的缺失，不少用人单位认为我国高校培养的经济管理类毕业生存在适应能力不强、专业技能缺乏、创业与创新能力不足、可持续发展的潜质不如工科毕业生等缺陷，这一现实难题长期困扰着从事经济管理类本科教学的老师们，必须得到有效破解。

"柔性卓越计划"是指在经济管理类人才培养过程中，借鉴、实施教育部推行的"卓越工程师教育培养计划"，针对经济管理类专业学生人数多、行业背景不明显的特点，形成适合经济管理类专业人才的培养模式，打造"卓越管理工程师""卓越会计师""卓越理财师""卓越营销师""卓越物流师""卓越国际商务师""卓越金融分析师"等。"柔性卓越计划"课堂教学主要引进"1+1"教学模式，即高校师资和企业方师资进行合作教学。每个专业确立8～10门卓越课程，采取校企双方师资联合授课形式，其中高校教师负责讲授理论与方法，企业师资负责讲授如何应用。同时，在实践教学方面，"柔性卓越计划"构建系统化的实践教学体系，加强省级、国家级实践教学平台建设，加强大学生创新与创业载体建设等。由此，采取校企联合制订人才培养方案、联合培养"双师型"师资、联合教授部分专业课、联合建立实践教学基地、联合指导学生教学实践活动、联合打造学生的第二课堂、联合建立学生就业基地等具体措施。

作为强化学生专业实践应用能力的"柔性卓越计划"的一部分，我们在培养方案中要求经济管理类各专业学生必须经过经管类综合实训的集中强化训练，每个学生必须选择本专业以外的其他实训课程进行学习并通过考核。作为实训课程建设的一个组成部分，我们与相关企业合作，出版了这套实训教材，由在企业一线工作的专家担任咨询顾问，一些教材的案例、数据直接采用企业的真实业务数据。

由于我们水平有限，书中错误恐难避免，恳请各位读者不吝赐教，以便修订再版时更正，使我们的实训教材能够更好地为经济管理类各专业实践教学活动提供服务。

经管类应用型本科人才培养实训系列教材编写委员会

第二版前言

企业经营决策是企业对未来经营发展的目标及实现目标的战略或手段进行最佳选择的过程，是企业管理全部工作的核心内容。在企业的全部经营管理工作中，决策的正确与否直接关系到企业兴衰成败和生存发展。企业经营决策模拟是一门理论与实践紧密结合的课程，这就要求我们在培养学生时，既要系统讲授理论知识，又要充分结合企业实际。"工商管理综合实训教程"借助企业模拟软件系统，将经营决策理论与市场竞争企业进行深度融合。

为了保证本教材更好地服务广大教师和学生，深入学习贯彻党的二十大精神，推进习近平新时代中国特色社会主义思想进教材、进课堂、进头脑，我们对多年的理论积淀和授课经验进行归纳、总结和升华，同时强调与时俱进、求真务实，着眼当前中国市场和企业发展实际和变化趋势，执行教育部关于"教材、教学、教师"三教改革精神，对教材进行了修订。

本次修订内容具体包括：增加了思政园地，强调思政引领；结合当前国内外环境变化，对一些宏观经济表述进行了更新；对部分案例、数据等进行了替换，以保证教材内容的时效性；此外，也对部分语言表述进行了斟酌和完善。

本次修订由张宏远统筹，负责修订实训一、实训二和实训三；任真礼负责修订实训四、实训五和实训六；胡志健负责修订实训七、实训八和实训九；徐永其对全书进行了审阅并参与统稿。本书在编写过程中得到了裴涛、刘常、万雨乐等同学的支持，他们参与了资料收集和整理工作。

企业经营决策模拟实训教材在国内并不多见，我们更多的是在授课过程中进行探索和总结，鉴于我们能力和对该课程认识的有限，书中肯定还会有各种问题。诚挚地欢迎各界人士批评指正。有关建议和意见，可发 E-mail 至 zhanghyuan04@126.com。谢谢大家！

编　者

2023 年 1 月

目　　录

实训一
企业经营决策思路

【思政园地】

企业家精神

企业家大体分为两类：一类是企业所有者企业家，作为所有者，他们仍从事企业的经营管理工作；另一类是受雇于所有者的职业企业家。在更多的情况下，企业家只指第一种类型，而把第二种类型称作职业经理人。

企业家往往基于对人性的尊重，对人才敬重有加，他们爱惜人才、珍惜人才。伟大的企业家更是人性大师，对人才有同理心，他们懂人性，能够了解人才的特点，洞悉人才的内在需求，及时而恰当地满足人才的需求。他们既懂得用规则、制度来约束人性的弱点，通过制度去抑制人性恶的一面，又懂得给人才以机会和舞台，充分信任人才，通过机制创新去扬人性善的一面，激发人才的内在价值、创造潜能，亦即"既能抑恶，也能扬善"。这就是所谓的人性大师，伟大的企业家都是人性大师。

创新是企业家精神的核心要素，企业家精神还应包含一种社会责任感，即如何关心社会、回报社会、关注弱势群体，同时也具有坚守的精神。古人云："不积跬步，无以至千里；不积小流，无以成江海。"能否成大事不在于力量的大小，而在于能坚持多久。

一、实训介绍

本部分实训内容主要让学生掌握企业经营涉及的主要模块和流程，进而了解企业进行经营决策的思路，从而培养学生对企业经营决策逻辑性和合理性的把握能力。

二、实训目的

1. 了解企业经营决策的思路以及架构。

2. 通过老师对企业经营决策思路以及各模块的讲解，学生在使用过程中能正确地操作，理解企业经营决策及相关软件设计的思路以及各个模块数据的关联性，从而在实训过程中能减少误操作，增加实训的连贯性，也对与工商相关的知识点做到深入全面的了解。

三、理论知识点

（一）总体思路

在相同资本和同等环境下，经营者按照工商注册登记流程在系统中登记注册自己的公司和品牌。从构建办公室、厂房、仓库开始，进而招聘员工、购买设备、采购原材料生产产品，通过研发技术、市场宣传、渠道建设提升品牌知名度和提高产品销量；系统提供了交易洽谈、招投标等销售渠道，增强经营的竞争性；运营中可进行短期贷款、长期贷款和民间融资，模拟汇率变化、利率变化、银行贴现等资本市场的变化，加大汇率和利率变化程度，制造原材料紧张的氛围，给经营者增加经营难度。经过 N 个周期的模拟运营，让经营者感受经营过程、市场变化、资本变化和交易洽谈，以及招投标的策略，系统最终比较各个公司销售额、利润率。

资本、信用、市场三要素贯穿模拟运营全过程。经营者违背商业规则经营公司，系统将降低其企业信用；信用降低到一定程度会影响经营者的招投标效果，从而直接影响产品销售，并且信用降低到一定程度不能进行贷款等融资操作；经营者不能按时清偿欠款，系统会宣告其"破产警戒"，直至"破产"，整体思路如图 1-1 所示。

（二）三大报表

三大报表是指资产负债表、利润表及现金流量表，其中资产负债表的作用是了解企业所掌握的经济资源，反映企业所承担的债务和投资者所持有的权益，是分析企业的偿债能力，分析企业的财务状况的重要依据。利润表的作用是反映企业生产经营的成果，是考核企业计划完成情况的重要依据，是分析和预测企业收益能力的重要资料。现金流量表的作用是提供企业的现金流量信息，帮助投资者、债权人直接有效地分析企业偿还债务、支付股利及对外融资的能力；便于报表使用者分析本期净利与经营现金流量的差异，客观评价企业

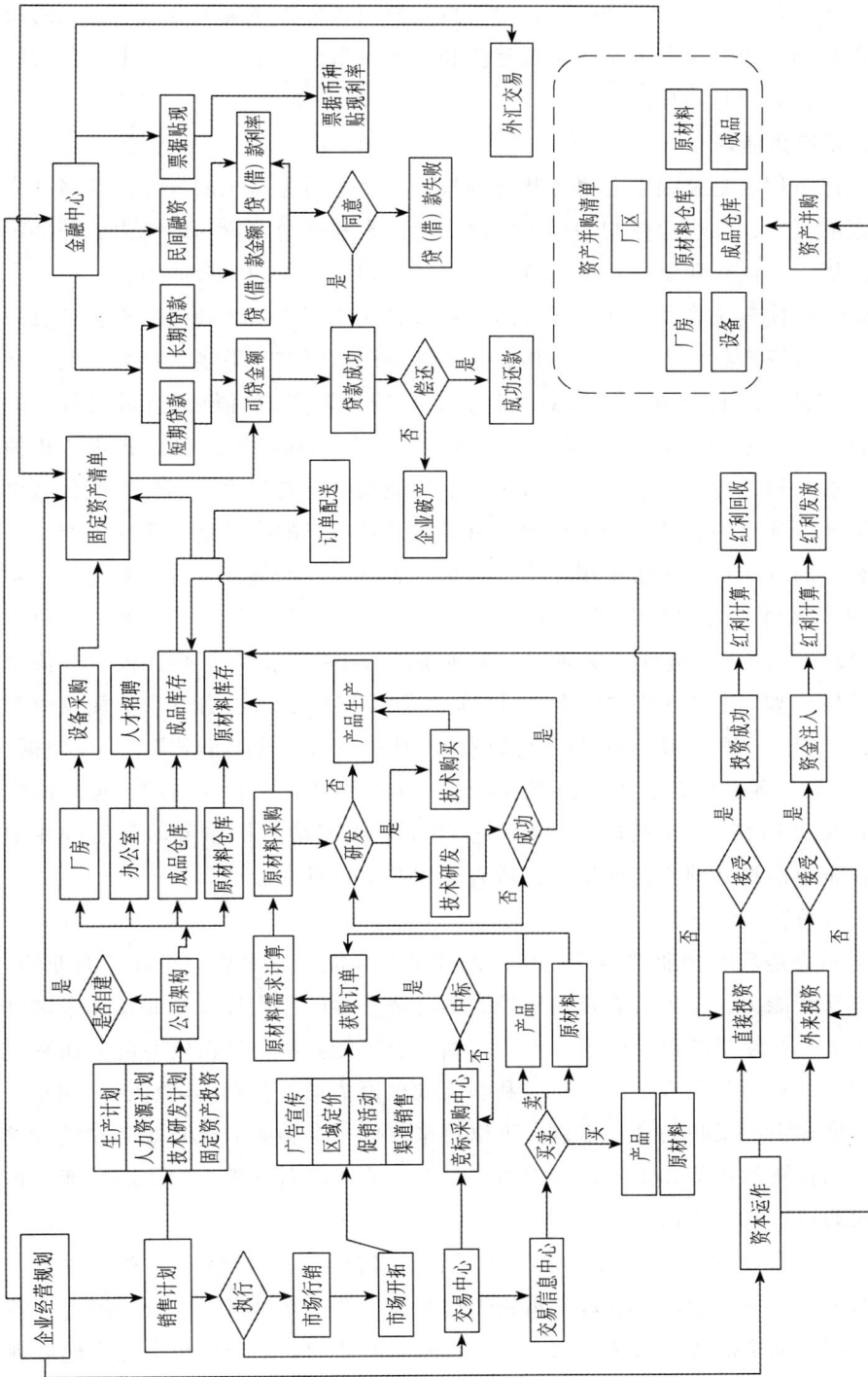

图 1-1　企业经营决策的思路以及框架

的盈利能力和经营周转是否顺畅；便于报表使用者分析与现金有关、无关的投资筹资活动，预测企业未来的发展趋势和现金流量。上市公司和非上市公司的财务三大报表都是一样的。

1.资产负债表

资产负债表是反映企业财务状况的报表。企业财务状况的好坏，受诸多方面因素的影响，如企业控制的经济资源产生现金和现金等价物的能力、外部市场环境等。提供企业财务状况的资料，有助于预计企业的综合能力。

资产负债表正表的格式一般有两种：报告式资产负债表和账户式资产负债表。报告式资产负债表是上下结构，上半部分列示资产，下半部分列示负债和所有者权益。具体排列形式又有两种：一是按"资产=负债+所有者权益"的原理排列；二是按"资产−负债=所有者权益"的原理排列。账户式资产负债表是左右结构，左边列示资产，右边列示负债和所有者权益。不管采取什么格式，资产各项目的合计等于负债和所有者权益各项目的合计这一等式不变。

企业的资产负债表常采用账户式结构。账户式资产负债表分左右两方，左方为资产项目，大体按资产的流动性大小排列，流动性大的资产如"货币资金""以公允价值计量且其变动计入当期损益的金融资产"等排在前面，流动性小的资产如"长期股权投资""固定资产"等排在后面。右方为负债及所有者权益项目，一般按要求清偿时间的先后顺序排列，"短期借款""应付票据""应付账款"等需要在一年以内或者长于一年的一个正常营业周期内偿还的流动负债排在前面，"长期借款"等在一年以上才需偿还的非流动负债排在中间，在企业清算之前不需要偿还的所有者权益项目排在后面。

2.利润表

利润表是反映企业的经营业绩，尤其是获利能力的报表。企业经营业绩，特别是获利能力，是评价企业对所控制的经济资源的利用程度，并预计未来可能产生的现金流量的重要资料，也是判断企业可能控制的经济资源的潜在利用能力和新增资源利用程度的资料。利润表的理论依据是：利润=收入−费用。

利润表上所反映的会计信息，可以用来评价一个企业的经营效率和经营成果，评估投资的价值和报酬，进而衡量一个企业在经营管理上的成功程度，具体表现为以下几个方面：

（1）综合反映生产经营情况。利润表能综合反映生产经营活动的各个方面，有助于考核企业经营管理人员的工作业绩。企业在生产、经营、投资、筹资等各项活动中的管理效率和效益都可以从利润数额的增减变化中综合地表现出来。通过将收入、成本费用、利润与企业的生产经营计划进行对比，可以考核生产经营计划的完成情况，进而评价企业管理当局的经营业绩和效率。

（2）分析企业的获利能力，预测企业未来的现金流量。利润表揭示了经营利润、投资净收益和营业外收支净额的详细资料，可据以分析企业的盈利水平，评估企业的获利能力。同时，报表使用者所关注的各种预期的现金来源、金额、时间和不确定性，如股利或利息、出售证券的所得及借款的清偿，都与企业的获利能力密切相关，所以，收益水平在预测未来现金流量方面具有重要作用。

3. 现金流量表

现金流量表是反映企业现金流量的报表。通过反映企业现金流量的资料，可以了解企业在某一期间内的经营活动、投资活动和筹资活动对现金流量影响的全貌，了解企业取得现金和现金等价物的方式以及现金流出的合理性等财务信息。现金流量表主要是要反映出资产负债表中各个项目对现金流量的影响，并根据其用途划分为经营、投资及融资三个活动分类。现金流量表可用于分析一家机构在短期内有没有足够的现金去应付开销。现金流量表以收付实现制为编制基础。

现金流量表是一份显示指定期间（一般为一个月、一个季度、一年，主要是一年的年报）的现金流入和流出的财务报告。报告显示资产负债表及利润表如何影响现金和现金等价物，以及根据公司的经营，从投资和融资角度作出分析。作为一种分析工具，现金流量表的主要作用是决定公司短期生存能力，特别是缴付账单的能力。

现金流量表是反映一家公司在一定时期现金流入和现金流出动态状况的报表。其组成内容与资产负债表和利润表一致。现金流量表，可以概括反映经营活动、投资活动和筹资活动对企业现金流入流出的影响，对于评价企业的利润实现、财务状况及财务管理，要比传统的利润表提供更好的基础。

现金流量表为我们提供了一家公司经营是否健康的证据。如果一家公司经营活动产生的现金流无法支付股利与保持股本的生产能力，从而它得用借款的方式满足这些需要，那么这就给我们一个警告，这家公司从长期来看无法维持正常情况下的支出。现金流量表通过显示经营中产生的现金流量的不足和不得不用借款来支付无法永久支撑的股利水平，来揭示公司内在的发展问题。

企业的现金流量由经营活动产生的现金流量、投资活动产生的现金流量和筹资活动产生的现金流量三部分构成。因此，现金流量表的分析可从以下几方面着手：

（1）经营活动产生的现金流量分析。一是将销售商品、提供劳务收到的现金与购进商品、接受劳务付出的现金进行比较。在企业经营正常、购销平衡的情况下，二者比较是有意义的。比率大，说明企业的销售利润大，销售回款良好，创现能力强。二是将销售商品、提供劳务收到的现金与经营活动流入的现金总额进行比较，可大致说明企业产品销售现款占经营活动流入的现金的比重有多大。比重大，说明企业主营业务突出，营销状况良好。三是将本期经营活动现金净流量与上期比较，增长率越高，说明企业成长性越好。

（2）投资活动产生的现金流量分析。当企业扩大规模或开发新的利润增长点时，需要大量的现金投入，投资活动产生的现金流入量补偿不了流出量，投资活动现金净流量为负数，但如果企业投资有效，将会在未来产生现金净流入用于偿还债务，创造收益，企业不会有偿债困难。因此，分析投资活动现金流量，应结合企业目前的投资项目进行，不能简单地以现金净流入还是净流出来论优劣。

（3）筹资活动产生的现金流量分析。一般来说，筹资活动产生的现金净流量越大，企业面临的偿债压力也越大，但如果现金净流入量主要来自企业吸收的权益性资本，则不仅不会面临偿债压力，而且资金实力反而增强。因此，在分析时，可将吸收权益性资本收到的现金与筹资活动现金总流入比较，所占比重大，说明企业资金实力强，财务风险低。

（4）现金流量构成分析。首先，分别计算经营活动现金流入、投资活动现金流入和筹资活动现金流入占现金总流入的比重，了解现金的主要来源。一般来说，经营活动现金流入占现金总流入比重大的企业，经营状况较好，财务风险较低，现金流入结构较为合理。其次，分别计算经营活动现金支出、投资活动现金支出和筹资活动现金支出占现金总流出的比重，它能具体反映企业的现金用于哪些方面。一般来说，经营活动现金支出比重大的企业，其生产经营状况正常，现金支出结构较为合理。

4.三大报表的联系与区别

（1）现金流量表与利润表比较分析。利润表是反映企业一定期间经营成果的重要报表，它揭示了企业利润的计算过程和利润的形成过程。利润被看成是评价企业经营业绩及盈利能力的重要指标，但存在一定的缺陷。众所周知，利润是收入减去费用的差额，而收入费用的确认与计量是以权责发生制为基础，广泛地运用收入实现原则、费用配比原则、划分资本性支出和收益性支出原则等来进行的，其中包括了太多的会计估计。尽管会计人员在进行估计时要遵循会计准则，并有一定的客观依据，但不可避免地要运用主观判断。而且，由于收入与费用是按其归属来确认的，而不管是否实际收到或付出了现金，以此计算的利润常常使一个企业的盈利水平与其真实的财务状况不符。有的企业账面利润很高，看似业绩可观，而现金却入不敷出，举步维艰；而有的企业虽然巨额亏损，却现金充足，周转自如。

所以，仅以利润来评价企业的经营业绩和获利能力失之偏颇。如能结合现金流量表所提供的现金流量信息，特别是经营活动现金净流量的信息进行分析，则较为客观全面。其实，利润和现金净流量是两个从不同角度反映企业业绩的指标，前者可称为应计制利润，后者可称为现金制利润。具体分析时，可将现金流量表的有关指标与利润表的相关指标进行对比，以评价企业利润的质量。

（2）现金流量表与资产负债表比较分析。资产负债表是反映企业期末资产和负债状况的报表，运用现金流量表的有关指标与资产负债表的有关指标比较，可以更为客观地评价企业的偿债能力、盈利能力及支付能力。

其中，在偿债能力分析上，流动比率是流动资产与流动负债之比，而流动资产体现的是能在一年内或一个营业周期内变现的资产，包括了许多流动性不强的项目，如呆滞的存货、有可能收不回的应收账款，以及本质上属于费用的待摊费用、待处理流动资产损失和预付账款等。它们虽然具有资产的性质，但事实上不能再转变为现金，不再具有偿付债务的能力。而且，不同企业的流动资产结构差异较大，资产质量各不相同，因此，仅用流动比率等指标来分析企业的偿债能力往往失之偏颇。可运用经营活动现金净流量与资产负债表相关指标进行对比分析，作为流动比率等指标的补充。具体内容为：一是经营活动现金净流量与流动负债之比。这一指标可以反映企业经营活动获得现金偿还短期债务的能力，比率越大，说明偿债能力越强。二是经营活动现金净流量与全部债务之比。该比率可以反映企业用经营活动中所获现金偿还全部债务的能力，这个比率越大，说明企业承担债务的能力越强。三是现金（含现金等价物）期末余额与流动负债之比。这一比率反映企业直接支付债务的能力，比率越大，说明企业偿债能力越强。但由于现金收益性差，这一比率也并非越大越好。

在盈利能力及支付能力分析上，由于利润指标存在缺陷，因此，可运用现金净流量与资产负债表相关指标进行对比分析，作为每股收益、净资产收益率等盈利指标的补充。一是经营活动现金净流量与总股本之比。这一比率反映每股资本获取现金净流量的能力，比率越大，说明企业支付股利的能力越强。二是经营活动现金净流量与净资产之比。这一比率反映投资者投入资本创造现金的能力，比率越大，企业创现能力越强。净利润指标应剔除投资收益和筹资费用。

总之，资产负债表是反映企业财务状况的报表。企业财务状况的好坏，受诸多方面因素的影响，如企业控制的经济资源产生现金和现金等价物的能力、外部市场环境等。提供企业财务状况的资料，有助于预计企业的综合能力。利润表是反映企业的经营业绩，尤其是获利能力的报表。企业经营业绩，特别是获利能力，是评价企业对所控制的经济资源的利用程度，并预计未来可能产生的现金流量的重要资料，也是判断企业可能控制的经济资源的潜在能力和新增资源利用程度的资料。现金流量表是反映企业现金流量的报表。通过反映企业现金流量的资料，可以了解企业在某一期间内的经营活动、投资活动和筹资活动对现金流量影响的全貌，了解企业取得现金和现金等价物的方式以及现金流出的合理性等财务信息。

四、实训条件

1. 实训时间：4课时/40人。
2. 实训地点：多媒体实验室。

五、实训内容（任务）与要求

（一）营运信息

营运信息包括：公司概况、经营数据、股东列表、市场区域、公司信用、经营排名（如图 1-2 所示）。

经营数据是学生经营企业的数据的即时汇总，包括资产、营销区域、产品库存、公司架构、市场情况等。

（二）公司架构

公司架构包括厂区的购买，厂房、仓库的购建，办公室的建立，设备的采购，以及公司组织结构搭建和人才招聘等模块。通过公司架构的操作，建立本公司的基本框架，为产品的生产创造先决条件。

学生在此可以增设厂区，厂区的购买是一切操作的先决条件。学生可以选择适合自己的厂区，可查看被选择厂区的容量以及规划（如图 1-3 所示）。

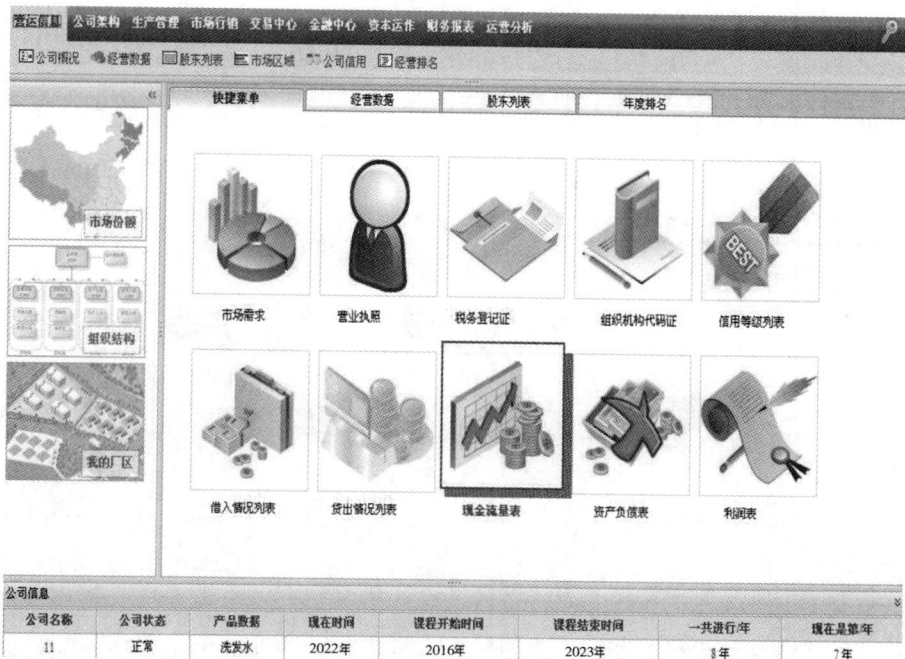

公司名称	公司状态	产品数据	现在时间	课程开始时间	课程结束时间	一共进行几年	现在是第几年
11	正常	洗发水	2022年	2016年	2023年	8年	7年

图 1-2　营运信息

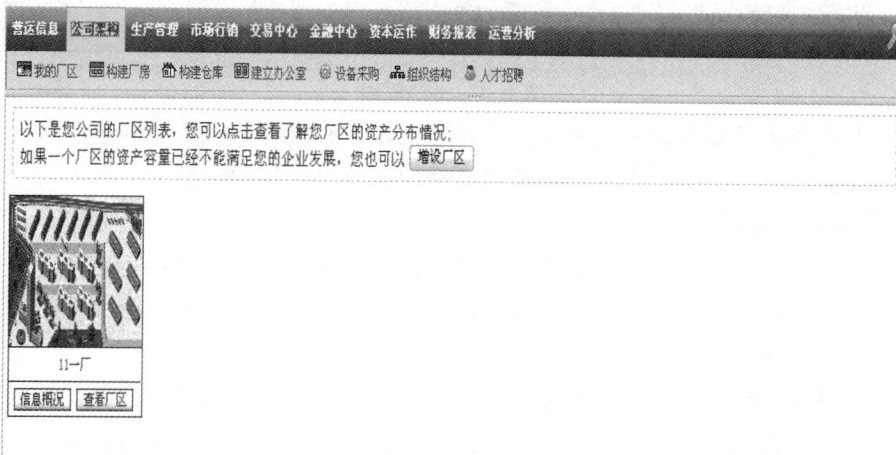

图 1-3　公司架构

（三）生产管理

生产管理包括购买原材料、研发技术、购买技术、产品包装和产品生产等（如图 1-4 所示）。

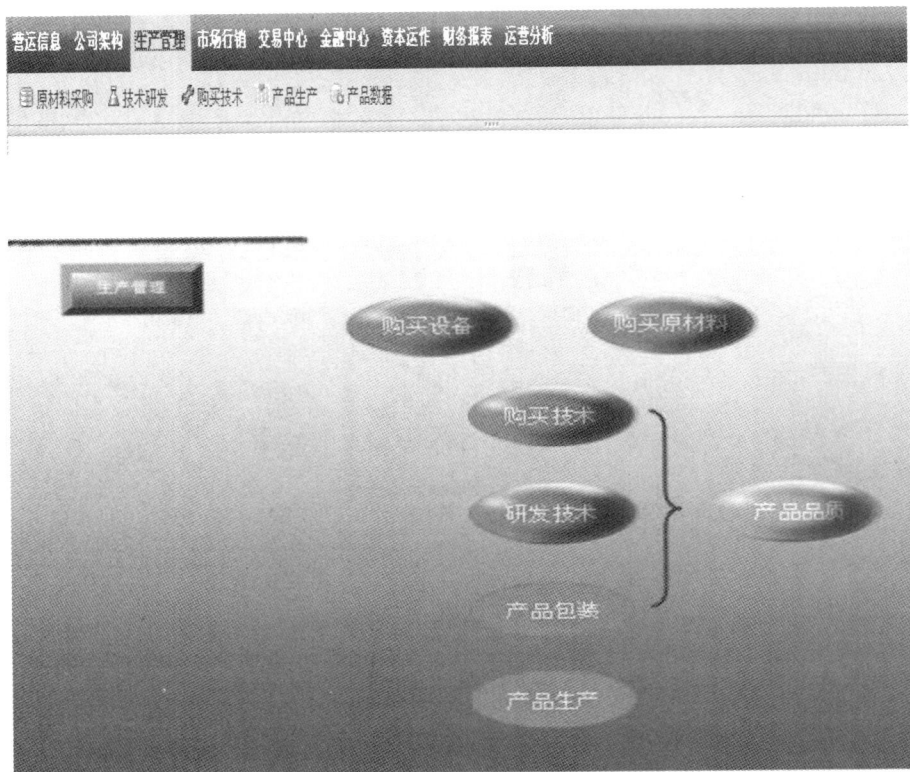

图1-4   生产管理

生产产品需要设备正常运转、原材料充足，有足够的生产工人，以及有充足的现金发放生产工人工资，有足够的仓库存放生产出的产品。

（四）市场营销

学生根据老师在后台添加的市场开拓内容，选择相应的区域，进行开拓投入，为之后本区域市场占有率的提升做好准备工作。其中，开拓分值用于衡量开拓程度的强弱，是数据量化的方式。

通过不同的宣传方式，提高产品的品牌知名度，品牌知名度的提高有利于之后的渠道合作。学生在此可选择不同的宣传方式，针对自己所营销的区域进行合理投放（如图1-5所示）。

（五）交易中心

交易中心是软件的重要模块，包括竞标采购中心、交易信息中心、交易信息管理、交易合同列表、发布拍卖信息、资产拍卖中心、拍卖信息管理。学生在此可进行自由交易，可锻炼学生商务谈判的能力（如图1-6所示）。

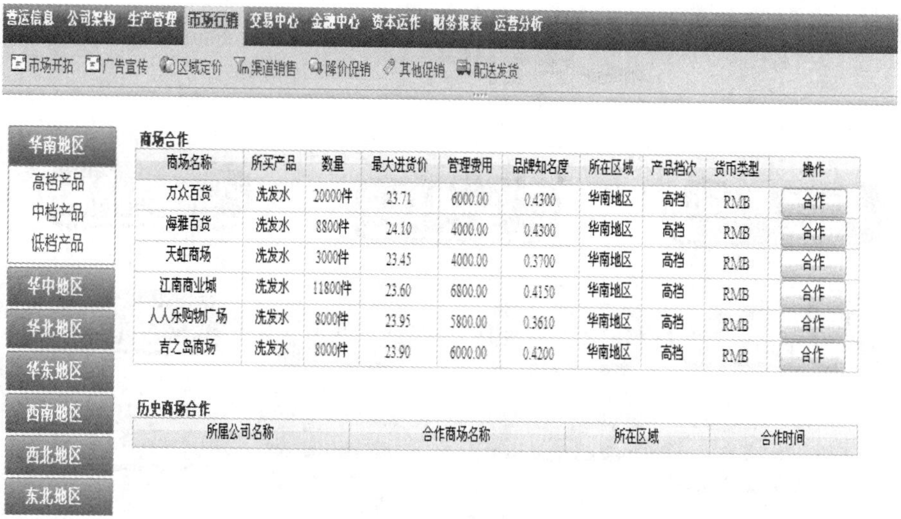

商场名称	所买产品	数量	最大进货价	管理费用	品牌知名度	所在区域	产品档次	货币类型	操作
万众百货	洗发水	20000件	23.71	6000.00	0.4300	华南地区	高档	RMB	合作
海雅百货	洗发水	8800件	24.10	4000.00	0.4300	华南地区	高档	RMB	合作
天虹商场	洗发水	3000件	23.45	4000.00	0.3700	华南地区	高档	RMB	合作
江南商业城	洗发水	11800件	23.60	6800.00	0.4150	华南地区	高档	RMB	合作
人人乐购物广场	洗发水	8000件	23.95	5800.00	0.3610	华南地区	高档	RMB	合作
吉之岛商场	洗发水	8000件	23.90	6000.00	0.4200	华南地区	高档	RMB	合作

所属公司名称	合作商场名称	所在区域	合作时间

图 1-5　市场营销

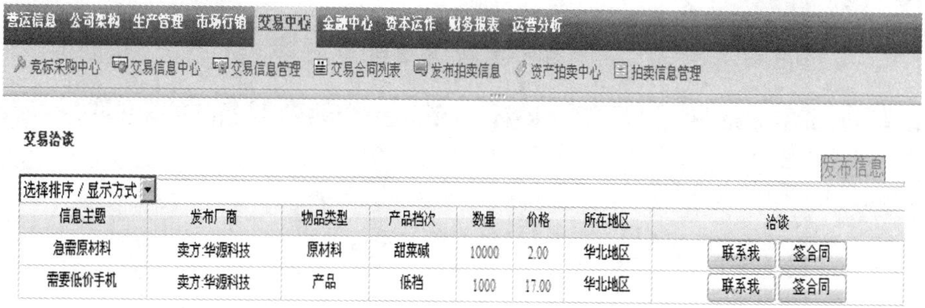

信息主题	发布厂商	物品类型	产品档次	数量	价格	所在地区	洽谈
急需原材料	卖方:华源科技	原材料	甜菜碱	10000	2.00	华北地区	联系我 签合同
需要低价手机	卖方:华源科技	产品	低档	1000	17.00	华北地区	联系我 签合同

图 1-6　交易中心

系统内的招标信息是老师在后台根据需要及实训要求发布的，学生看到此信息后可以购买标书参加投标。学生通过投标的形式获取订单，是系统中厂商之间对抗的主要手段（如图 1-7 所示）。

投标需要考察产品品质、产品价格、品牌知名度。学生需要通过购买技术、加强宣传以及包装等方式增强竞争力，增加中标的机会。

交易中心交易的货物包括产品和原材料，交易性质有买和卖，学生在此发布相关信息，与其他厂商进行商务洽谈，最终签订合同，配送发货。

（六）金融中心

金融中心是学生理财的模块，包括外汇交易、长短期贷款、民间融资、银行贴现、借入借出情况、偿还欠款（如图 1-8 所示）。在此，学生可根据运营的需要，对自己的现有资本进行运作，合理规划资金的去向。

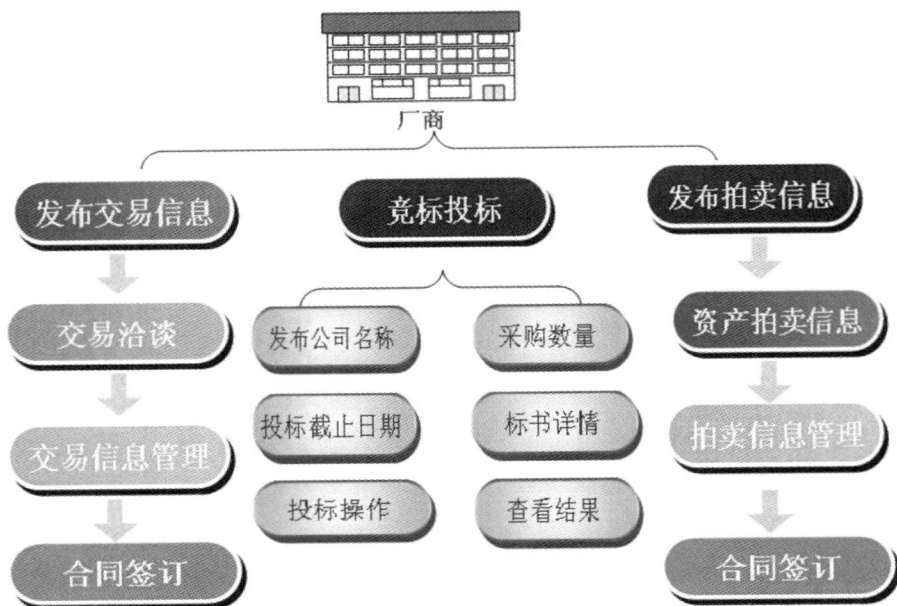

图1-7 招标管理

图1-8 金融中心

（七）资本运作

资本运作包括：直接投资、资产并购、投资管理和投资记录（如图1-9所示）。

直接投资是学生在此以股份额的形式，对其他厂商进行投资，获得其他公司的股份。

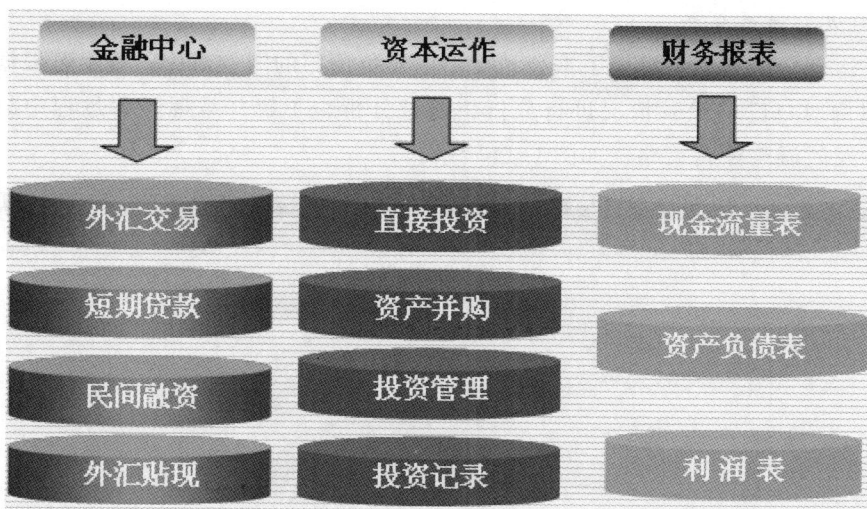

图 1-9 资本运作

资产并购是对已经破产的公司进行收购，软件会显示破产公司的相关设备。

（八）财务报表

财务报表分为现金流量表、资产负债表、利润表（如图 1-10 所示）。学生要学会分析和阅读财务报表。

现金流量

编制单位：11   2022年度   单位：元

项目	金额
一、经营活动产生的现金流量：	0.00
销售商品、提供劳务收到的现金	0.00
收到的税费返还	0.00
收到的其他与经营活动有关的现金	0.00
现金流入小计	0.00
购买商品、接受劳务支付的现金	0.00
支付给职工以及为职工支付的现金	939200.00
支付的各项税费	0.00
支付的其他与经营活动有关的现金	0.00
现金流出小计	939200.00
经营活动产生的现金流量净额	-939200.00
二、投资活动产生的现金流量：	0.00
收回投资所收到的现金	0.00
取得投资收益所收到的现金	0.00
处置固定资产、无形资产和其他长期资产所收回的现金净额	0.00
收到的其他与投资活动有关的现金	0.00
现金流入小计	0.00
购建固定资产、无形资产和其他长期资产所支付的现金	0.00

图 1-10 财务报表

（九）运营分析

运营分析为学生提供了本公司支出以及负债等的图例对比，学生可根据这些图例对自己的经营情况进行分析，通过分析，了解并掌握经营过程中的弊端，及时调整经营策略（如图1-11所示）。

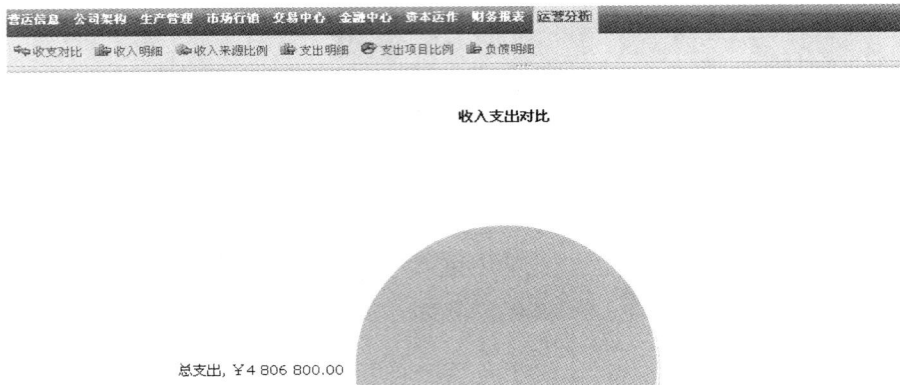

图 1-11　运营分析

六、实训组织方法与步骤

1. 将学生划分为若干小组，一般2～4人为一组。

2. 每组学生根据课程预习内容和相关的理论书籍，结合本实训中涉及的各部分内容掌握其功能和特点。有可能的话，可以深入到一些企业进行访问调查。

3. 进行操作演练，调动学生思考和发言的积极性，让每组学生进行充分的分析和讨论。

4. 对每个小组的问题进行分析、归纳和总结提炼，提出整体的指导意见，帮助学生掌握本实训内容。

5. 每个小组根据讨论和学习的结果编写实训心得，并在整个课程结束时附在实训报告中。

实训二
公司注册流程和运营信息分析

【思政园地】

公司发起人的责任

为了防止发起人借发起设立公司的机会谋求不正当利益并因此损害将来所设立公司的利益以及公众认股人的利益或者公司债权人的利益，各国公司法都对公司发起人在公司设立时必须就其发起行为承担相应的义务和责任进行了规定，主要包括：

（1）股款连带认缴责任。对于公司应发行的股份未能认足或者虽已认足但未缴股款的，应由发起人连带认缴。

（2）公司不能成立时所承担的责任。当公司由于创立大会决议不设立公司或因其他原因导致公司不能成立，发起人应对公司设立行为承担法律责任。这种责任包括：连带承担公司设立行为所产生的一切费用和债务；就认股人的损害承担法律责任。

（3）连带损害赔偿责任。在公司设立过程中，如果因故意或过失而损害有效设立公司的利益，公司发起人应当对所设立的公司承担损害赔偿责任。

一、实训介绍

本部分实训内容主要让学生掌握公司注册流程和运营信息的查看和分析。运营信息包括公司概况、经营数据、股东列表、市场区域、公司信用、经营排名。通过此部分内容，让学生实时掌握公司运营情况，学习分析运营数据，把控公司运营策略的实施。

市场需求、市场区域、经营排名情况反映营销策略实施效果，让学生通过认识市场情况灵活把控营销策略。

学生需要通过经营数据、借入情况列表、借出情况列表、现金流量表、资产负债表、利润表，了解企业资金运营情况，分析各部门决策方向。

信用等级情况反映包括自己公司在内的所有公司的等级情况，可作为判断对方公司是否适合业务合作的标准之一。

其中，营业执照、税务登记、组织机构代码证的训练内容，基本以深圳市工商企业注册登记的相关文件为基础，提高学生对相关现实资料的了解。

二、实训目的

1. 了解反映企业运作情况的相关数据内容。
2. 每个学生注册一家企业，并在企业信息中查看自己的注册结果。

三、理论知识点

（一）公司类别

公司按照不同的划分标准有不同的类型。例如，按照企业财产组织方式划分，有独资企业、合伙企业、公司企业。按照企业组织形式划分，有公司企业和非公司企业。公司企业又分为有限责任公司和股份有限公司，有限责任公司包括国有独资公司，股份有限公司又分为上市公司和非上市公司。按照企业所有制形式划分，有全民所有制企业、集体所有制企业、外商投资企业（包括中外合资经营企业、中外合作经营企业和外商独资企业）及私营企业。按照企业在社会再生产过程中的职能划分，有工业企业、商业企业、建筑企业、金融企业等。

1.按照股东的责任范围为标准分类

目前，我国《公司法》只规定了两种类型的公司，即有限责任公司和股份有限公司。此外，以公司股东的责任范围为标准分类，即以公司股东是否对公司债务承担责任为标准，可将公司分为无限责任公司、两合公司、股份两合公司、股份有限公司和有限责任公司，这是最主要的公司分类。

无限责任公司是指由两个以上股东组成、全体股东对公司债务负连带无限责任的公司。两合公司是指由部分无限责任股东和部分有限责任股东共同组成，前者对公司债务负连带无限责任，后者仅以出资额为限承担责任的公司。股份两合公司是指由部分对公司债务负连带无限责任的股东和部分仅以所持股份对公司债务承担有限责任的股东共同组建的公司。因这三种公司存在固有缺陷，其数量已经很少，特别是股份两合公司。我国《公司法》未对此三种公司作出规定，但在不少西方国家仍然存在此三种类型的公司，尽管其数量只占少数。

股份有限公司是指由一定以上人数组成，公司全部资本分为等额股份，股东以其所持股份对公司承担责任，公司以其全部资产对公司债务承担责任的公司。在公司发展历史上，股份有限公司是在两合公司之后产生的较早的公司形式。股份有限公司因其可以在社会上广泛筹资、股份可以自由转让、公司可以实行所有权与经营权分离的经营方式和分权制衡机制以及股东有限责任等特点，特别适合于大型企业的经营，现今已成为十分重要的公司形式。我国《公司法》将股份有限公司作为最基本的公司形式之一予以调整。

有限责任公司是指股东仅以其出资额为限对公司承担责任、公司以其全部资产对公司债务承担责任的公司。在公司的发展史上，有限责任公司出现得较晚，由于它较好地吸收了其他公司形式的优点并克服了其不足，所以这种公司形式在世界各国得到了迅速发展。我国《公司法》也将有限责任公司作为一种主要公司形式予以确认。

所以，我国《公司法》中公司的股东都是承担有限责任的，公司以自己的财产独立承担责任。只是有限责任公司的股东是以其认缴的出资额为限对公司债务承担责任，而股份有限公司的股东是以其认购的股份为限对公司债务承担责任。

2. 按照股份转让方式为标准分类

以公司股份转让方式为标准，即以公司股份是否可以自由转让和流通为标准，可将公司分为封闭式公司与开放式公司。封闭式公司又称为不公开公司、不上市公司、私公司等，是指公司股本全部由设立公司的股东拥有，且其股份不能在证券市场上自由转让的公司。有限责任公司属于封闭式公司。开放式公司又称为公开公司、上市公司、公公司等，是指可以按法定程序公开招股、股东人数通常无法定限制、公司的股份可以在证券市场上公开自由转让的公司。这种公司事实上就是指股份有限公司中的上市公司。并非所有的股份有限公司都是上市公司，但是股份有限公司都具有开放性，都可以申请向社会公开发行股份和募集资金，而有限责任公司是不能向社会公开发行股份的，也就无法通过此方式募集资金。

所以，我国《公司法》中的公司，有限责任公司属于封闭性公司，股份有限公司属于开放性公司，但股份有限公司中的非上市公司仍然具有封闭性，只有股份有限公司中的上市公司才是真正意义上的开放性公司。

3.按照公司的信用基础为标准分类

以公司的信用基础为标准，亦即以公司的交易信用来源和责任承担依据为标准，可将公司分为人合公司与资合公司以及人合兼资合公司。人合公司是指公司的经营活动以股东个人信用而非公司资本的多寡为基础的公司。人合公司的对外信用主要取决于股东个人的信用状况，故人合公司的股东之间通常存在特殊的人身信任或人身依附关系。无限责任公司是典型的人合公司。资合公司是指公司的经营活动以公司的资本规模而非股东个人信用为基础的公司。由于资合公司的对外信用和债务清偿保障主要取决于公司的资本总额及现有财产状况，因此，为防止公司由于资本不足而损害公司债权人利益，各国法律都对资合公司的设立和运行做了较严的规定，如强调最低注册资本额、法定公示制度等。股份有限公司是典型的资合公司。人合兼资合公司是指公司的设立和经营同时依赖于股东个人信用和公司资本规模，从而兼有两种公司的特点。两合公司、股份两合公司和有限责任公司均属此类公司。

所以，我国《公司法》中的公司，有限责任公司属于以人合为主但兼具资合性质的公司，股份有限公司是典型的资合公司，但股份有限公司中的非上市公司仍具有一定的人合性质。

4.按照公司之间的关系为标准分类

以公司相互之间的法律上的关系为标准，即以公司之间在财产上、人事上、责任承担上的相互关系为标准，可将公司分为总公司与分公司、母公司与子公司。

总公司又称本公司，是指依法设立并管辖公司全部组织的具有企业法人资格的总机构。总公司通常先于分公司而设立，在公司内部管辖系统中，处于领导、支配地位。分公司是指在业务、资金、人事等方面受本公司管辖而不具有法人资格的分支机构。分公司不具有法律上和经济上的独立地位，且其设立程序简单。我国《公司法》第十四条规定，公司可以设立分公司。设立分公司，应当向公司登记机关申请登记，领取营业执照。分公司不具有法人资格，其民事责任由总公司承担。但是，需要注意的是，分公司尽管不具有法人资格，不享有独立的财产权利，不能独立承担民事责任，但分公司能够以自己的名义从事法律行为，有相应的权利能力和行为能力。在民法的民事主体理论上，分公司可以归入非法人组织之中，非法人组织属于既不同于自然人又不同于法人的另外一类法律主体。

母公司是指拥有其他公司一定数额的股份或根据协议，能够控制、支配其他公司的人事、财务、业务等事项的公司。母公司最基本的特征，不在于是否持有子公司的股份，而在于是否参与子公司业务经营。子公司是指一定数额的股份被另一公司控制或依照协议被另一公司实际控制、支配的公司。子公司具有独立法人资格，拥有自己所有的财产，以及自己的公司名称、章程和董事会，对外独立开展业务和承担责任。但涉及公司利益的重大决策或重大人事安排，仍要由母公司决定。我国《公司法》第十四条第二款规定："公司可以设立子公司，子公司具有法人资格，依法独立承担民事责任。"

5.按照公司的国籍为标准分类

以公司的国籍为标准，即以公司在哪一国登记注册并取得主体资格、受哪国法律管辖为标准，可将公司分为本国公司、外国公司和跨国公司。依照我国《公司法》的规定，允许外国公司在中国境内设立分支机构，从事生产经营活动，但外国公司属于外国法人，其在中国境内设立的分支机构不具有中国法人资格，该分支机构在中国境内进行经营活动而产生的民事责任，由其所属外国公司承担。

（二）公司登记手续

公司登记是指公司在设立、变更、终止时，依法在公司注册登记机关由申请人提出申请，主管机关审查无误后予以核准并记载法定登记事项的行为。对于公司的设立采取设立主义原则的国家和地区，一般同时采取公示主义对公司进行登记注册。

1.类型

公司登记可以分为公司设立登记、公司撤销登记、公司变更登记和公司解散登记。其中，公司设立登记是设立过程中所作的登记。设立登记注册后，公司便告成立。公司撤销登记是在公司设立登记后，如发现其设立登记或其他登记事项有违约情况，经法院判决确定后，由主管机关撤销已登记的全部公司登记或部分登记事项。公司变更登记是改变公司名称、住所、经营方式、注册资金、经营期限等原来的登记注册事项以及增设或撤销公司分支机构时等所作的登记。公司解散登记是指公司解散时进行的注销登记。

2.所需文件

公司设立登记所要提交的文件有：公司董事长或执行董事签署的"公司设立登记申请书"，全体股东指定代表或者共同委托代理人的证明，公司章程，具有法定资格的验资机构出具的验资证明（如有要求），股东的法人资格证明或者自然人身份证明，载明公司董事、监事、经理姓名、住所的文件以及有关委派、选举或者聘用的证明，公司法定代表人的任职文件和身份证明，"企业名称预先核准通知书"，公司住所证明等。

3.登记机关

公司登记须在国家规定的公司注册登记机关进行。依《中华人民共和国公司登记管理条例》及相关法律文件的规定，我国的公司登记机关是国家市场监督管理总局和地方各级市场监督管理部门。

无论是设立、撤销、变更还是注销公司登记，均应在同一登记机关进行登记。而且，虽然企业迁移或跨地区设立分支机构需要在其他登记机关登记，但还须在原登记机关做变更登记。

4.公司登记注册程序

公司登记注册程序包括两种具体程序：一是公司进行的申请登记注册程序；二是公司登记机关对公司进行的核准登记注册程序。

法律、行政法规对设立公司规定必须报经审批的，在公司登记前应依法办理审批手续；公司的经营范围中属于法律、行政法规限制的，应当依法经过批准。因此，公司登记注册程序有时包括第三种程序，即设立审批程序或审批程序。

5.工商登记

所有提交表格或材料需要签字的部分均需负责人签字和加盖公章。

6.税务登记领取发票

账户中应有一定的存款。

7.开设银行基本账户

开设银行基本账户需要提供公司公章、法人章、财务专用章。

8.办理资料统计登记

资料统计登记需要提供营业执照、公章、组织机构代码证、税务登记复印件以及房屋作为住所（经营场所）从事经营活动的证明。

四、实训条件

1. 实训时间：4课时/40人。

2. 实训地点：多媒体实验室。

五、实训内容（任务）与要求

在学生的注册过程中，老师应对每项注册的内容加以讲解，以便学生有更深入的理解。

（一）公司注册

公司注册如图2-1所示。

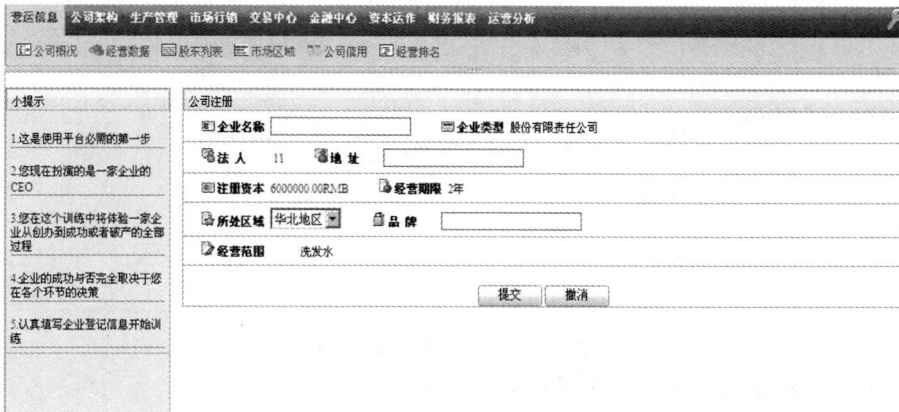

图2-1　公司注册

（二）"三证合一"

"三证合一"登记制度是指企业登记时依次申请，分别由工商行政管理部门（现市场监督管理部门）核发工商营业执照、组织机构代码管理部门核发组织机构代码证、税务部门核发税务登记证，改为一次申请、合并核发一个营业执照的登记制度。"三证合一"后的营业执照如图2-2所示。

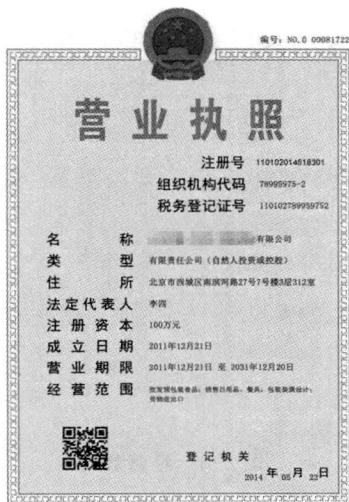

图2-2　"三证合一"后的营业执照

（三）信用等级

了解自己公司信用等级情况，并掌握实训中所有企业的信用等级情况，以判断是否有合作资格（如图2-3所示）。

我的公司信用等级信息

公司名称	当前信用状态
111	AA

其他公司信用等级信息

公司名称	当前信用状态
11	AA
天天日用化学	A
活着好呀	AA
华源科技	AA
11fvdsf	AA

图2-3　公司信用等级信息

（四）现金流量表、资产负债表、利润表

让学生掌握最基本的财务信息，了解最基本的财务报表格式。

（五）经营数据

提供各项数据结果，包括资产、营销区域、产品库存、公司架构、市场情况等（如图2-4所示）。

产品库存

产品档次	库存量
高档	0
中档	0
低档	0

经营情况

经营状态	实验产品	信用等级	产品档次
正常	洗发水	AA	低档

原材料数量	0个	展开详细　关闭详细
生产设备数量	0台	展开详细　关闭详细

公司架构

厂房数量：0		展开详细　关闭详细
原材料仓库数量：0		展开详细　关闭详细
产成品仓库数量：0		展开详细　关闭详细
人员数量：15		展开详细　关闭详细

市场情况

合作对象/方式	数量	查看详细
超市	0	展开详细　关闭详细
商场	0	展开详细　关闭详细
招投标	0	展开详细　关闭详细
交易洽谈	0	展开详细　关闭详细

图2-4　经营数据

（六）股东列表

显示本公司股东的详细信息，学生在此查看自己的股东情况（如图2-5所示）。

图2-5 股东列表

（七）年度排名

年度排名是软件的评分系统，当老师在后台结束本年度实训后，学生的成绩通过此模块显示出来。软件从多个方面来测评学生的实训成绩，包括现金持有量、销售额、利润率、支出、市场份额等，每一项都可以进行排序操作，最终得分由老师根据这几项的数据进行综合评定（如图2-6所示）。

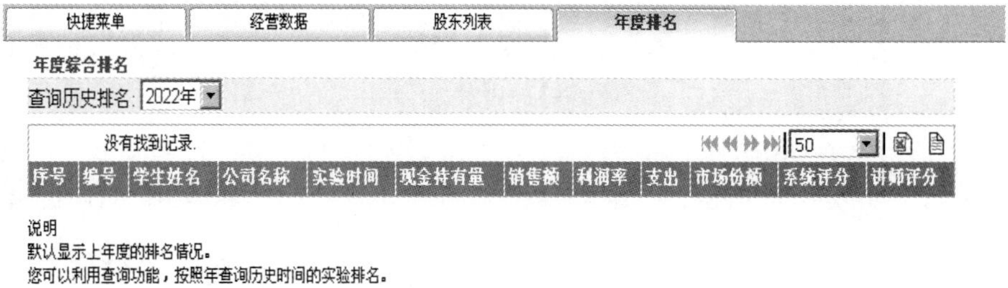

图2-6 年度排名

（八）市场区域

学生在此可以查看每个区域内的市场份额、品牌知名度、市场开拓度。其中：

市场份额：代表当前此区域可进行渠道销售的最大数额。

品牌知名度：代表自己的品牌在这个地区的影响力。

市场开拓度：代表自己的公司对于这个地区市场的投入程度。

六、实训组织方法与步骤

1. 将学生划分为若干小组，一般2～4人为一组。

2. 每组学生通过预习课程内容和阅读相关的理论书籍，结合本实训中涉及的各部分内容掌握如何看懂数据，熟悉企业设立登记流程。有可能的话，可以深入到市场监督管理部门进行访问调查。

3. 进行操作演练，调动学生思考和发言的积极性，让每组学生进行充分的分析和讨论。

4. 对每个小组的问题进行分析、归纳和总结提炼，提出整体的指导意见，帮助学生掌握本实训内容。

5. 每个小组根据讨论和学习的结果编写实训心得，并在整个课程结束时附在实训报告中。

实训三
根据实验数据制定运营规划

【思政园地】

企业管理者的责任

企业的管理者要有一定的思想高度，也就是说，要站在社会的角度来看待企业存在的价值。从时间上说，要站在未来看现在；从空间上说，要站在企业的外面向里面看；从高度上说，要站在高处俯视企业。德鲁克告诉我们，企业管理有三个任务，或者说，有三种责任。

（1）使企业有绩效。企业管理的第一个任务是必须要让企业有绩效。有绩效是企业管理最基本的任务，如果没有绩效，企业就没有存在的价值了，就可以关门了。

（2）使员工有生产力。企业管理的第二个任务是让员工有生产力。只有让员工的工作产生生产力，员工才会有成就感。如果一个员工做一项工作，管理者就应该让他发挥出他的功能，把他的能力表现出来。企业管理者让员工有生产力，也意味着企业可以保障员工就业。具体地说，就是企业应该越做越好，经营得越来越有效，从而使得更多的人能够就业，可以生存、生活。企业能够做到这一点，就是在促进所谓的"良性循环"。

（3）承担社会责任。企业的第三个任务是承担社会责任。作为一个企业，不应该只想到自己的生存，而不考虑社会。德鲁克说："企业就像什么呢？企业就像人体的器官。"德鲁克的意思是，按照这种观点，企业生存的目的不是利润，不是赚钱，而是发挥企业的功能，提供解决问题的方法，提供能够让更多的顾客受益的产品或服务。企业应该让社会得到它的回馈，这是企业需要承担的责任。具体地说，就是企业对其所在的地方（包括社区、城市等）要有所贡献。比如说，按时足额纳税，协助当地政府把公共设施建设好等。

企业的这三项任务，或者称为三种责任，是需要同时并进的，这三项任务也必须相互结合。企业是营利的机构，但是企业的管理者应该知道，需要借鉴非营利组织的思维，用营利的经营手法来实现企业的目标。具体地说，就是从企业的使命出发，完成企业的任务，最终对顾客作出贡献。

一、实训介绍

为了在实训过程中对每个操作作出正确的决策，学生首先应对系统所提供的各项实验数据进行分析、判断，制定出自己的经营规划，从而进行有准备、有依据、有调查的企业运营。

二、实训目的

1. 全面了解系统实验数据。
2. 对软件有整体认识，掌握模拟实验的操作。
3. 制定合理的季度经营规划。

三、理论知识点

（一）经营决策

1.经营决策的概念

经营决策就是企业等经济组织决定企业的生产经营目标和实现生产经营目标的战略和策略，即决定做什么和如何去做的过程。

2.经营决策的特征

科学的经营决策与传统的经验式决策之间存在本质的差别，这种差别表现为以下特征：决策指导思想的科学性；决策程序的完整性；决策内容的复杂性；决策方法的多样性。

3.需注意的问题

在决策过程中，可能会产生许多问题，这些问题不一定都可以作为决策的对象，必须经过筛选归纳，才能抓住主要矛盾，找出问题的症结。一般要注意以下几点：

一是明确目标概念，不能模棱两可。目标要有量的规定性，对无法定量考核的，要采用测量法进行定性分析，使其具有可衡量的标准。目标的完成要有时间限制。目标实施必须与经济责任制紧密结合起来，不落实经济责任制，目标就不能实现。

二是要确定决策目标的价值准则，即常说的"值得不值得"，要进行经济效益分析。

三是要减少局限性，消除片面性，拟订方案和选择方案不能出自一人或一部分人之手。要集思广益，博采众长，倾听各方面的意见。领导审定方案时，既要重视下级的意见，又不能为下级所左右，选择的最佳方案应具有权威性和合法性，并对决策后果负责，专业部门不能越俎代庖。

（二）经营计划

1.经营计划的概念

经营计划是企业围绕市场，为实现自身经营目标而进行的具体规划、安排和组织实施的一系列管理活动。企业经营计划是企业经营活动的先导，并始终贯穿于企业经营活动的全过程。

2.经营计划体系的构成

经营计划体系从纵向可以分为三个层次：战略计划、基层作业计划和业务计划。三者之间的关系是：战略计划提供由上而下的指导；基层作业计划提供由下而上的保证；业务计划发挥承上启下、上传下达的作用。

3.制订经营计划应遵循的原则

（1）系统性原则。企业在制订计划时一定要坚持系统性原则，不仅考虑企业本身，还要从整个系统的角度出发，要认识到企业是整个大系统中的一个小系统，如果不考虑大系统的利益，只顾个体利益，肯定会受到整个系统的惩罚。

（2）平衡性原则。企业本身以及内外环境之间都存在着许多矛盾，平衡就是要对影响企业生产经营的各个方面，企业内部各部门的产、供、销等各环节进行协调，使之保持一定的、合理的比例关系。

（3）灵活性原则。计划规定未来的目标和行动，而未来充满着众多的不确定性，因此计划的制订就要保持一定的灵活性，即有一定的余地，而不能规定得过死或过分强调计划的稳定。在计划执行过程中，更要注意不确定因素的出现，随时对原计划作出必要的调整或修改。

（4）效益性原则。企业的经营计划必须以提高经济和社会效益为中心，不仅要取得产品开发和制造阶段的效益，而且还要考虑产品在流通和使用阶段的效益。

（5）全员性原则。这种全员参与并不是说所有的员工都参加到制订计划的工作中去，而是指计划的制订应该让员工知道并取得员工支持，这是计划能够得以实现的保证。

4.经营计划的编制

长期经营计划是企业5年和5年以上的长远规划。它的任务是选择、改变或调整企业的经营服务领域和业务单位，确定企业的发展方向和目标，确定实现目标的最佳途径和方法。长期经营计划具有明确的方向性和指导性，具有统率全局的作用。它是一种战略性规划。

中期经营计划是企业2～5年的计划。它的任务是构建企业的经营结构，为实现长远经营计划所确定的战略目标设计合理的设备、人员、资金等的结构，以形成企业的经营能力和综合素质。中期经营计划起着承上启下的重要纽带作用。

短期经营计划是企业的年度计划。它的任务是适应企业内外的实际情况，组织和安排好企业的经营活动，以分年度逐步实现企业的经营目标。

5.企业战略规划

企业战略规划是指依据企业外部环境和自身条件的状况及其变化来制定和实施战略，并根据对实施过程与结果的评价和反馈来调整战略或制定新战略的过程。一个完整的战略规划必须是可执行的，它包括两项基本内容：企业发展方向和企业资源配置策略。

6.企业经营目标

企业经营目标是指在一定时期企业生产经营活动预期要达到的效果，是企业生产经营活动目的性的反映与体现。它是指在既定的所有制关系下，企业作为一个独立的经济实体，在其全部经营活动中所追求的并在客观上制约着企业行为的目标。这一定义的特点是：整体性、终极性、客观性。

企业经营目标是在分析企业外部环境和企业内部条件的基础上确定的企业各项经济活动的发展方向和奋斗目标，是企业经营思想的具体化。企业经营目标不止一个，其中既有经济目标，又有非经济目标，既有主要目标，又有从属目标。它们之间相互联系，形成一个目标体系。其主要由经济收益和企业组织发展方向方面的内容构成。它反映了一个组织所追求的价值，为企业各方面活动提供基本方向。它使企业能在一定的时期、一定的范围内适应环境变化趋势，使企业的经营活动保持连续性和稳定性。

7.经营计划的控制

其基本任务是发现偏差、分析偏差和纠正偏差。

（1）发现偏差。这是指在经营计划执行过程中通过各类手段和方法，分析计划的执行情况，以便发现计划执行中的问题。

（2）分析偏差。分析偏差实际上是对经营计划执行过程中出现的问题和偏差进行研究，找出出现问题和偏差的原因，以便采取有针对性的措施。

（3）纠正偏差。根据偏差产生的原因采取有针对性的纠偏对策，使企业生产经营活动能按既定的经营计划进行，或者通过修改经营计划，使它能继续指导企业生产经营活动。

8.经营计划控制的步骤

（1）确立标准。企业经营计划的指标、各种技术经济定额、技术要求等，都是检查计划执行情况的标准。

（2）测定执行结果。一般可以通过统计报表和原始记录等资料来测定经营计划的执行结果。这些资料越准确、越完整，测定的结果就越准确，越能反映计划执行的实际状况，使得控制恰到好处，取得比较满意的控制效果。

（3）比较执行结果。这一步骤将测定的执行结果与预期目标进行比较分析。比较分析的目的是看执行结果与预期目标相比是否发生了偏差。比较分析的常用方法是经营计划执行情况图表。

（4）纠正偏差。纠正偏差的方式有两种：一种是采取措施使经营计划的执行结果接近预期目标；另一种是修正预期目标。

9.常用的经营计划编制方法

（1）滚动计划法。滚动计划法是将计划分为若干时期，近期计划具体详细，是具体实施部分；远期计划则较为简略笼统，是准备实施部分。计划执行一定时期后，根据环境和企业具体情况的变化，对以后各期的计划内容进行适当的修改调整，并向前延续一个新的执行期。它是一种连续、灵活、有弹性地根据一定时期计划执行情况，通过定期的调整，依次将计划时期顺延，再确定计划内容的方法。

采用滚动计划法可以使计划在环境变化时具有一定的灵活性，通过适当调整使不利因素减至最少，使各个不同周期的计划前后衔接，使企业与市场衔接。

（2）PDCA循环法。PDCA循环法就是按照P（计划）、D（执行）、C（检查）、A（处理）四个阶段的顺序，周而复始地循环进行计划管理的一种方法。

①计划。这个阶段的主要工作包括确定经营方针、目标，制订经营计划并将经营计划的目标和措施落实到企业内部的各个部门与环节。

②执行。这个阶段的主要工作是将制订的各项具体计划，按照落实到各

部门、各环节的要求组织执行与实施。

③检查。这个阶段的主要工作是对实施情况进行检查，并根据检查结果采取相应的措施，总结成功的经验并将之定为标准，形成制度，加以巩固和发展；同时总结失败的教训，防止再次发生。对没有解决的遗留问题应进一步找出原因，并转入下一个循环中去解决。

④处理。这个阶段的主要工作是针对检查阶段所暴露的问题，及时地、有效地进行处理，保证这类问题不会进入下一个循环阶段。

PDCA循环法的四个阶段首尾相接、不断循环，每一次循环都会有新的内容和要求，它把计划的编制、执行和控制有机地结合在一起，有利于提高企业计划管理的水平。PDCA循环法在运行过程中呈现出三个特点：第一，大环套小环，互相促进。第二，各环每循环周转一圈就提高一步。第三，关键在于处理阶段。

（3）综合平衡法。综合平衡法是计划工作的基本方法。所谓综合平衡就是这样一种工作，即通过协调与实现目标有关的因素，使其在计划期内保持合理的比例，以取得最理想的经济效益的活动。做好综合平衡是计划工作的中心内容，也是提高计划水平的关键所在。综合平衡要解决的核心问题，就是研究如何正确确定企业生产经营活动中的一些主要比例关系，并使这些比例关系协调一致。

（三）经营规划

1.经营规划的概念

经营规划是指从事营利性活动的企业、机构、组织为了达到一定目的而策划、制订的比较全面、长远的发展计划。一般它是企业等组织在一定周期内为预定的经营目的而策划、制订的全面发展计划。

在制定经营规划时，需要重点考虑两个方面问题：一是规划中要弄清楚哪些价值活动对组织经营的成功实施最重要，并且在规划时要给予特别的注意；二是规划要关注整个价值链以及价值链所要求的相关问题，包括价值链之间的联系以及供应商、销售渠道或顾客的价值链。虽然经营层次上的规划要非常详细，但是也要从战略的视角去理解它，特别是要了解详细的经营规划是怎样支持公司战略的，即回答两个中心问题：

（1）企业现有经营资源、条件的确认。对企业经营和战略的有效规划，取决于规划者对企业现有资源、条件了解的详细程度。

（2）战略与现有经营资源的一致性。在制定战略规划的过程中隐含的危险之一就是试图达到理想的经营状况，这往往会使企业的经营发展不符合实际。因此，经营规划的第二个中心问题就是怎样将战略所要求的资源与公司现有的资源状况相匹配，并能够保持对各种不同价值活动规划方法的一致性。

2.经营规划中的几个重要事项

（1）市场预测。当企业要开发一种新产品或向新的市场扩展时，必然要进行市场预测。如果预测的结果并不乐观，或者预测的可信度让人怀疑，那么投资者就会承担很大的风险，这对多数风险投资家来说是不可接受的。

首先，市场预测要对需求进行预测：市场是否存在对这种产品的需求？需求程度是否可以给企业带来所期望的利益？新的市场规模有多大？需求发展的未来趋向及其状态如何？影响需求的都有哪些因素？

其次，市场预测还包括对市场竞争的情况——企业所面对的竞争格局进行分析：市场中主要的竞争者有哪些？是否存在有利于本企业产品的市场空档？本企业预计的市场占有率是多少？本企业进入市场会引起竞争者怎样的反应，这些反应对企业会有什么影响？等等。在创业计划书中，市场预测应包括以下内容：市场现状综述、竞争厂商概览、目标顾客和目标市场、企业产品的市场地位、市场区隔和特征等。

风险企业对市场的预测应建立在严密、科学的市场调查基础上。风险企业所面对的市场本来就有更加变幻不定的、难以捉摸的特点。因此，风险企业应尽量扩大收集信息的范围，重视对环境的预测并采用科学的预测手段和方法。创业者应牢记的是，市场预测不是凭空想象出来的，对市场的错误认识是企业经营失败的最主要原因之一。

（2）战略匹配。

第一，制定战略规划的目的与经营规划不同，这就决定了其他方面的种种区别。战略规划与经营规划都有指导性，然而战略规划要通过协调生存和发展的关系，促进企业实力与活力匹配，为未来发展创造机会。对企业来讲，未来的发展机会多为隐性的、不确定的，可能是机会，也可能是风险（垄断性企业除外），创造条件、创造机会是实现可持续发展的唯一途径。为了创造机会，常常要限制企业某些环节的扩张，放弃某些眼前的利益，调整某些对未来有影响的关系。制定经营规划是要充分利用和扩大目前的机会，加大投资和竞争，扩张实力，以获取更多的收入和利润。不少企业为了"实现双百亿"、争做"航母"，一味扩大规模、加强实力，仅仅是为了充分利用眼前的机会，这样，很可能造成企业发展不平衡，给企业留下更大的隐患。机会的充分利用要与环境波动相适应，要有节制，要从战略规划上对经营规划予以指导。

第二，由于战略规划是针对未来甚至更长时期环境的变化，所以在研究制定战略规划时，必须以更为先进的思想为指导，要对现在所持的思想方法予以改造提升。一些企业创业成功后又渐渐衰落，并非不注重管理，主要是由于成功的经验形成的思维方式不能适应新环境。因此，研究制定战略规划要对既定的观念方法进行调整。战略规划一经制定，就要在实施中成为全体管理者改造思想方法、发展思想的指导工具。而经营规划则是明确各种指标和标准，成为管理的直接操作依据。

第三，战略规划要在未来不稳定的环境中使企业以不变应万变，因此要注重制胜，更关注防败，使制胜和防败统一起来。而经营规划使企业以变对变，在特定市场中取胜，不过多地考虑防败。前些年中国某家电企业一再掀起价格大战，虽然取得了销售收入和市场份额的增加，取得了战术上的胜利，却造成自己战略上的失败，可能就是因为没有战略规划，或者混淆了经营规划，缺少防败的研究。

（3）资金投入。资金投入分为生产、销售与资本两个部分。其中，生产主要是设备购买和厂房购买。设备购置费是指建设项目购置或者自制的达到固定资产标准的各种国产或者进口设备、工具、器具的购置费用。设备购置费还应包括虽低于固定资产标准但属于明确列入设备清单的设备的购置费用。设备购置费应根据计划购置的清单（包括设备的规格、型号、数量），按以下公式计算：

设备购置费=设备原价+设备运杂费

设备运杂费主要由运费和装卸费、包装费、设备供销部门手续费、采购与保管费组成。

在销售中，产品品质包括产品的稳定性、用户体验、可靠性、性能及感观等方面。渠道销售主要指如何开发与选择经销商，经销商的日常管理，如何协助经销商进行市场推广、日常维护等，并能根据市场的变化提出对应的4P策略，有效激励经销商共同成长的销售过程。渠道相当于水渠和过道，是连接、承载产品和服务的载体。在这个载体的两端可以是企业—经销商、代理商、批发商、大型零售终端，也可以是大区代理商、批发商、经销商——一、二级或三级甚至更小的分销商或夫妻店。简言之，消费用户不是从原制造厂商处得到（经过2个或2个以上的环节转手得到）最终产品和服务，都可称之为渠道销售。销售渠道是企业最重要的资产之一，同时也是变数最大的资产。它是企业把产品向消费者转移的过程中所经过的路径。这个路径包括企业自己设立的销售机构、代理商、经销商、零售店等。对产品来说，它不对产品本身进行增值，而是通过服务，增加产品的附加价值；对企业来说，销售渠道起到物流、资金流、信息流、商流的作用，完成厂家很难完成的任务。不同的行业、不同的产品以及企业处于不同的规模和发展阶段，销售渠道的形态都不相同，绝大多数销售渠道都要经过由经销商到零售店这两个环节。为了满足零售店的需求，也为了自己的利润最大化，很少有经销商只代理一家厂商的产品，而是有自己的产品组合。

此外，无论生产还是销售与资本都涉及人员招聘。人员招聘是组织及时寻找、吸引并鼓励符合要求的人，到本组织中任职和工作的过程，是组织运作中的一个重要环节。组织需要招聘员工可能基于以下几种情况：新设立一个组织；组织扩张；调整不合理的人员结构；员工因故离职而出现职位空缺等。人员招聘通常有内部提升和外部招聘两种途径，两种方式各有优劣势。人员招聘要按照一定的程序并遵循必要的原则进行。

资本运作又称资本经营、消费投资、连锁销售、亮点经济、离岸经济等，是中国内地企业界创造的概念。它指利用市场法则，通过资本本身的技巧性运作或资本的科学运动，实现价值增值、效益增长的一种经营方式。简言之，就是利用资本市场，借助以小变大、以无生有的诀窍和手段，通过买卖企业和资产而赚钱的经营活动。资本运作并不完全是资金运作，正确的解释为：资本运作=资金（有形）+人际关系+社会关系+文化等。资本运作的一般方式包括发行股票、发行债券（包括可转换公司债券）、配股、增发新股、转让股权、派送红股、转增股本、股权回购（减少注册资本），企业的合并、托管、收购、兼并、分立以及风险投资等，资产重组，对企业的资产进行剥离、置换、出售、转让，以实现资本结构或债务结构的优化，为实现资本运营的根本目标奠定基础。

四、实训条件

1. 实训时间：4～6课时/40人。
2. 实训地点：多媒体实验室。

五、实训内容（任务）与要求

1. 掌握软件的基本使用操作。
2. 对系统的数据进行挖掘，撰写季度规划报告，利用 Word 工具整理，并提交老师查看。

3. 掌握实训的基本流程。

其中，两个核心内容为：一是不同模块之间的数据关联，如图 3-1 和图 3-2 所示。二是利用 Word 撰写自己的季度规划报告。

操作说明：在购买生产设备之前，要对影响生产设备的相关因素进行分析。每条生产线都有不同的技术指标，如设备的体积、设备运转所需的工人数、价格、维护费用等。要满足某条生产线的这些要求，需要先对厂房的大小和所需工人的数量等进行规划，合理地购买厂房和招聘人员，才能降低成本。

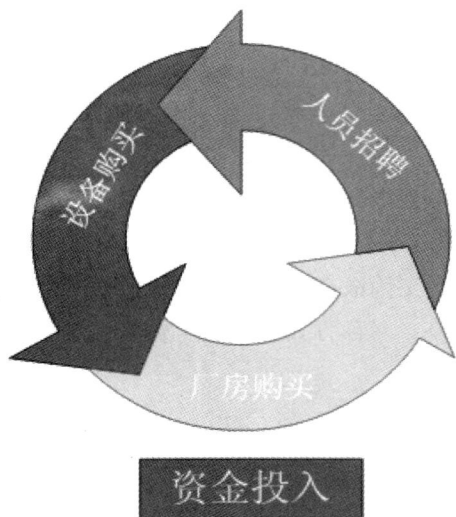

图 3-1　生产

操作说明：产品品质是通过技术研发和技术购买提高的，而宣传策略是为了提高产品知名度。在和渠道合作时，不同的渠道对产品数量、产品品质、产品知名度有不同的要求，学生也可以通过渠道了解市场的需求，从而生产合理数量的产品。在资本运作中，能进行贷款、融资等操作，对自己的现有资金进行运作。

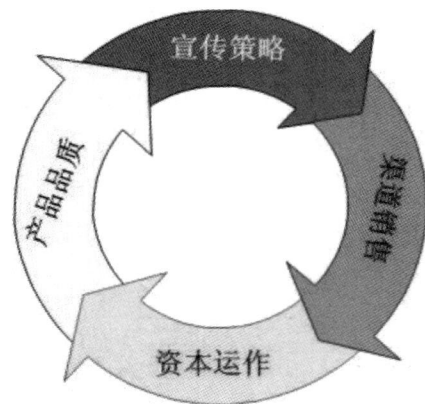

图 3-2　销售与资本

六、实训组织方法与步骤

1. 将学生划分为若干小组，一般 2～4 人为一组。

2. 每组学生通过预习课程内容和阅读相关的理论书籍，结合本实训中涉及的各部分内容掌握生产、销售和资本的影响因素，并学会制定经营规划。同时，收集并学习一些大企业的年度经营计划或规划。

3. 进行操作演练，调动学生思考和发言的积极性，让每组学生进行充分的分析和讨论。

4. 对每个小组的问题进行分析、归纳和总结提炼，提出整体的指导意见，帮助学生掌握本实训内容。

5. 每个小组根据讨论和学习的结果编写实训心得和本季度经营规划，并在整个课程结束时附在实训报告中。

实训四
学习组建公司、筹备生产

【思政园地】

企业员工的责任

企业对员工负有责任，同样，员工对企业乃至社会也负有责任。在员工责任方面，既有法律法规方面的明确要求，也有道义方面的要求。其中，企业员工法律责任主要包括：

（1）劳动者违反服务期约定的，应当按照约定向用人单位支付违约金。

（2）劳动者违反竞业限制约定的，应当按照约定向用人单位支付违约金。

（3）根据《中华人民共和国劳动合同法》第九十条，劳动者违反本法规定解除劳动合同，或者违反劳动合同中约定的保密义务或者竞业限制，给用人单位造成损失的，应当承担赔偿责任。与企业订立劳动合同，应当遵循合法、公平、平等自愿、协商一致、诚实信用的原则。

另外，企业员工在其他方面的责任有：

（1）服从分配、听从指挥，严格遵守各项操作规程和规章制度，使工作规范化。

（2）随时检查设备的运行状态，做好日保工作，发现问题及时上报处理，保证生产安全操作。

（3）在生产过程中，发现生产出的产品质量有问题时，应及时处理或上报。

（4）节约能源、爱惜材料，对落地的材料、产品废弃物及时捡起，分料盒隔离放置，杜绝浪费。

（5）当班时不准私自离开岗位，离岗时必须经部门领导同意。

（6）注重提高创新能力、工作质量和工作效率，具有提高企业形象的意识。

(7) 每天下班时，清理工作台面，清洁机器设备。做好卫生值日工作，保持车间清洁卫生。

一、实训介绍

在成立公司开始，系统分配相同的总资本开始运营公司，在整个过程中系统实时计算经营数据。首先购建企业经营的场所和设备（包括办公室、厂房、仓库、设备等），然后招聘员工，采购原材料，进行产品生产。

二、实训目的

1. 了解组建公司需要的条件，能够筹备生产。

2. 通过老师对组建公司、筹备生产模块的讲解，学生能够进行正确的操作。通过操作，能根据公司规模、经营方针计算厂房、仓库用地面积，了解各生产要素以及采购的相关因素，在各个要素具备的情况下生产出产品。

三、理论知识点

（一）公司规模

公司规模指对企业生产、经营等范围的划型。

2017 年 12 月，国家统计局印发《统计上大中小微型企业划分办法 (2017)》的通知（国统字〔2017〕213 号），依据已正式实施的《国民经济行业分类》（GB/T 4754-2017），对 2011 年制定的《统计上大中小微型企业划分办法》进行了修订。

第一，根据工业和信息化部、国家统计局、国家发展改革委、财政部《关于印发中小企业划型标准规定的通知》（工信部联企业〔2011〕300 号），以《国民经济行业分类》（GB/T 4754-2017）为基础，结合统计工作的实际情况，制定本办法。

第二，本办法适用对象为在中华人民共和国境内依法设立的各种组织形式的法人企业或单位。个体工商户参照本办法进行划分。

第三，本办法适用范围包括：农、林、牧、渔业，采矿业，制造业，电力、热力、燃气及水生产和供应业，建筑业，批发和零售业，交通运输、仓储和邮政业，住宿和餐饮业，信息传输、软件和信息技术服务业，房地产业，租赁和商务服务业，科学研究和技术服务业，水利、环境和公共设施管理业，居

民服务、修理和其他服务业，文化、体育和娱乐业等15个行业门类以及社会
工作行业大类。

第四，本办法按照行业门类、大类、中类和组合类别，依据从业人员、营
业收入、资产总额等指标或替代指标，将我国的企业划分为大型、中型、小
型、微型等四种类型。具体划分标准见表4-1。

表4-1 统计上大中小微型企业划分标准

行业名称	指标名称	计量单位	大型	中型	小型	微型
农、林、牧、渔业	营业收入（Y）	万元	Y≥20 000	500≤Y＜20 000	50≤Y＜500	Y＜50
工业*	从业人员（X）	人	X≥1 000	300≤X＜1 000	20≤X＜300	X＜20
	营业收入（Y）	万元	Y≥40 000	2 000≤Y＜40 000	300≤Y＜2 000	Y＜300
建筑业	营业收入（Y）	万元	Y≥80 000	6 000≤Y＜80 000	300≤Y＜6 000	Y＜300
	资产总额（Z）	万元	Z≥80 000	5 000≤Z＜80 000	300≤Z＜5 000	Z＜300
批发业	从业人员（X）	人	X≥200	20≤X＜200	5≤X＜20	X＜5
	营业收入（Y）	万元	Y≥40 000	5 000≤Y＜40 000	1 000≤Y＜5 000	Y＜1 000
零售业	从业人员（X）	人	X≥300	50≤X＜300	10≤X＜50	X＜10
	营业收入（Y）	万元	Y≥20 000	500≤Y＜20 000	100≤Y＜500	Y＜100
交通运输业*	从业人员（X）	人	X≥1 000	300≤X＜1 000	20≤X＜300	X＜20
	营业收入（Y）	万元	Y≥30 000	3 000≤Y＜30 000	200≤Y＜3 000	Y＜200
仓储业	从业人员（X）	人	X≥200	100≤X＜200	20≤X＜100	X＜20
	营业收入（Y）	万元	Y≥30 000	1 000≤Y＜30 000	100≤Y＜1 000	Y＜100
邮政业	从业人员（X）	人	X≥1 000	300≤X＜1 000	20≤X＜300	X＜20
	营业收入（Y）	万元	Y≥30 000	2 000≤Y＜30 000	100≤Y＜2 000	Y＜100
住宿业	从业人员（X）	人	X≥300	100≤X＜300	10≤X＜100	X＜10
	营业收入（Y）	万元	Y≥10 000	2 000≤Y＜10 000	100≤Y＜2 000	Y＜100
餐饮业	从业人员（X）	人	X≥300	100≤X＜300	10≤X＜100	X＜10
	营业收入（Y）	万元	Y≥10 000	2 000≤Y＜10 000	100≤Y＜2 000	Y＜100
信息传输业*	从业人员（X）	人	X≥2 000	100≤X＜2 000	10≤X＜100	X＜10
	营业收入（Y）	万元	Y≥10 0000	1 000≤Y＜10 0000	100≤Y＜1 000	Y＜100

续表

行业名称	指标名称	计量单位	大型	中型	小型	微型
软件和信息技术服务业	从业人员（X）	人	X≥300	100≤X＜300	10≤X＜100	X＜10
	营业收入（Y）	万元	Y≥10 000	1 000≤Y≤10 000	50≤Y＜1 000	Y＜50
房地产开发经营	营业收入（Y）	万元	Y≥20 0000	1 000≤Y＜20 0000	100≤Y＜1 000	Y＜100
	资产总额（Z）	万元	Z≥10 000	5 000≤Z＜10 000	2 000≤Z＜5 000	Z＜2 000
物业管理	从业人员（X）	人	X≥1 000	300＜X＜1 000	100≤X＜300	X＜100
	营业收入（Y）	万元	Y≥5 000	1 000≤Y＜5 000	500≤Y＜1 000	Y＜500
租赁和商务服务业	从业人员（X）	人	X≥300	100≤X＜300	10≤X＜100	X＜10
	资产总额（Z）	万元	Z≥120 000	8 000≤Z＜120 000	100≤Z＜8 000	Z＜100
其他未列明行业*	从业人员（X）	人	X≥300	100≤X＜300	10≤X＜100	X＜10

说明：

1. 大型、中型和小型企业需同时满足所列指标的下限，否则下滑一档；微型企业只需满足所列指标中的一项即可。

2. 表中各行业的范围以《国民经济行业分类》（GB/T 4754-2017）为准。带*的项为行业组合类别，其中，工业包括采矿业，制造业，电力、热力、燃气及水生产和供应业；交通运输业包括道路运输业，水上运输业，航空运输业，管道运输业，装卸搬运和运输代理业，不包括铁路运输业；信息传输业包括电信、广播电视和卫星传输服务，互联网和相关服务；其他未列明行业包括科学研究和技术服务业，水利、环境和公共设施管理业，居民服务、修理和其他服务业，社会工作，文化、体育和娱乐业，以及房地产中介服务，其他房地产业等，不包括自有房地产经营活动。

3. 企业划分指标以现行统计制度为准。（1）从业人员，是指期末从业人员数，没有期末从业人员数的，采用全年平均人员数代替。（2）营业收入，工业、建筑业、限额以上批发和零售业、限额以上住宿和餐饮业以及其他设置主营业务收入指标的行业，采用主营业务收入；限额以下批发与零售业企业采用商品销售额代替；限额以下住宿与餐饮业企业采用营业额代替；农、林、牧、渔业企业采用营业总收入代替；其他未设置主营业务收入的行业，采用营业收入指标。（3）资产总额，采用资产总计代替。

（二）厂房

1.厂房分类

厂房是指采用钢筋混凝土柱、钢柱承重的柜架或排架结构的用于工商业用途的房子。厂房按照不同的标准可以分为不同类型。

按结构分类可以分为：标准结构、排架结构、框架结构、砖混结构、钢铁结构。

按层数分类可以分为：单层（一层）、双层（二层）、多层（二层以上）、独栋（独门独院）。

按功能分类可以分为：①机械加工制造、重工类：一般要求单层，而且对厂房的高度、地面承重有要求，部分行业要求有行车梁，可以装行车（吊车）。②轻纺电子加工类：双层和多层厂房都可，考虑原料、货物进出方便，一般要求有工业货梯（2吨或以上）。③食品化工类：除了房屋结构之外对房屋的配套有一些要求，比如环保、消防、排污等。④物流仓库类：用于存储货物和原料。⑤防静电厂房：针对一些行业的厂房，特别是电子行业的厂房需要做到防静电，需要通过技术手段杜绝因摩擦、感应、传导等方式存在的静电，以免危害人身及厂房安全。⑥防尘厂房：对生产环境要求比较高。⑦高配电厂房：主要指装备一些大功率机电的厂房。⑧科研厂房：一般用于研发。⑨特种厂房：针对一些特殊行业定制的厂房。

2.税费

修建厂房属于非增值税应税项目，那么其对应的购进货物的进项税额不得从销项税额中抵扣。如果材料入库时进项税额已抵扣，那么领用材料时进项税额需要做转出处理。所用材料先计入在建工程，完工后结转固定资产。

根据《中华人民共和国增值税暂行条例》第十条，下列项目的进项税额不得从销项税额中抵扣：

（1）用于简易计税方法计税项目、免征增值税项目、集体福利或者个人消费的购进货物、劳务、服务、无形资产和不动产；

（2）非正常损失的购进货物，以及相关的劳务和交通运输服务；

（3）非正常损失的在产品、产成品所耗用的购进货物（不包括固定资产）、劳务和交通运输服务；

（4）国务院规定的其他项目。

3.购地建厂投资流程

（1）签订投资意向书或合资合作意向书。

（2）工商注册（市场监督管理局）：企业名称预先核准申请表、公司具体名称、股东名称、出资总额、出资比例（如股东是法人，需带营业执照副本复印件）、验资证明、环保证明、房产证明。

（3）项目备案（发改委）：编制项目简介、填写项目申请备案表、项目备案请示、企业法人营业执照正副本复印件、组织机构代码证复印件。

（4）相关手续办理（生态环境局、住房和城乡建设局、自然资源和规划局）：环保审批、选址意见书、建设用地规划许可证、地质灾害评估报告、土地评估、建设用地勘测定界报告、建设用地预审。

（5）办理土地证（自然资源和规划局）：地籍调查表、用地申请及法人身份证复印件、公司章程及营业执照、国土资源局规划股出图意见、建设部门一证一书、环保证明、一书四方案、土地评估。

（6）施工前建设手续办理（住房和城乡建设局）：施工图审查与批准、建设工程单体审批、建设工程规划许可证、招投标。

（7）办理施工许可证（住房和城乡建设局）：建设用地许可证、工程报建表及号码、建设工程规划许可证、中标通知书、意外伤害保险单、图纸审查批准书等。

（8）施工后验收（审计局、住房和城乡建设局、应急管理局、生态环境局）：环保验收、审计验收、规划验收、防雷验收、消防验收、工程验收。

（9）办理产权证（住房和城乡建设局）：登记人的营业执照或身份证复印件两份、国有土地使用证、建设工程规划许可证、竣工验收备案证明书、房屋建筑面积测绘成果报告。

（三）仓库

1.仓库的含义

《诗经·小雅》有"乃求千斯仓"，可知仓库建筑源远流长。现代仓库更多地考虑经营上的收益而不仅为了贮存，这是同旧式仓库的区别所在。因此，现代仓库在运输周转、贮存方式和建筑设施上都重视通道的合理布置、货物的分布方式和堆积的最大高度，并配置经济有效的机械化、自动化存取设施，以提高贮存能力和工作效率。

仓库由贮存物品的库房、运输传送设施（如吊车、电梯、滑梯等）、出入库房的输送管道和设备以及消防设施、管理用房等组成。仓库按所贮存物品的形态可分为贮存固体物品的、液体物品的、气体物品的和粉状物品的仓库；按贮存物品的性质可分为贮存原材料的、半成品的和成品的仓库；按建筑形式可分为迷你仓库、单层仓库、多层仓库、圆筒形仓库等。

2.常见的仓库类型

（1）按建筑形式分类。

① 迷你仓库。中国近些年出现了以寄存物品为业务的迷你仓雏形，一些大的仓库提供小面积的存储服务，这类服务是将物品堆放在大仓库里，物与物之间没有明显的间隔，因此缺乏安全性和隐秘性。我国大部分地区都不具备发展迷你仓库的条件，现阶段只有在上海、北京、深圳等一些一线城市悄然走俏。

② 单层仓库。单层仓库适于贮存金属材料、建筑材料、矿石、机械产品、车辆、油类、化工原料、木材及其制品等。水运码头仓库、铁路运输仓库、航空运输仓库多采用单层建筑，以加快装卸速度。单层仓库的总平面设计要求道路贯通，装运的汽车、铲车能直接进出仓库。这种仓库一般采用预制钢筋混凝土结构，柱网一般为6米，跨度为12米、15米、18米、24米、30米、36米不等。地面堆货荷载大的仓库，跨度宜大。库内吊车的起重能力根据贮存货物单件的最大重量确定。起重量在5吨以下的可用单梁式吊车或单轨葫芦，大于5吨的用桥式吊车。仓库要求防潮。如供贮存易燃品之用，应采用柔性地面层防止产生火花。屋面和墙面均应不渗水、不漏水。

③ 多层仓库。多层仓库一般贮存百货、电子器材、食品、橡胶产品、药品、医疗器械、化学制品、文化用品、仪器仪表等。底层应有卸货装货场地，装卸车辆可直接进入。货物的垂直运输一般采用1.5~5吨的运货电梯。应考虑装运货手推车或铲车能开入电梯间内，以加快装卸速度。多层仓库常用滑梯卸货。滑梯多采用钢筋混凝土结构，水磨石打蜡作面层；也可用金属骨架，钢板面层，但要防止钢板生锈或用不锈钢板作面层。多层仓库如单位荷载大于500千克，可用无梁楼盖。仓库内一般不粉刷，原浆勾缝刷白即可；贮存百货、药品、食品、服装的仓库内要粉刷，以防缝中藏虫。多层仓库中的"立体仓库"的存储和提货应用电子计算机，实现智能化。这种仓库占地面积小，节省人力，但贮存货物类别有一定范围限制。

④ 圆筒形仓库。圆筒形仓库一般贮存散装水泥、干矿渣、粉煤灰、散装粮食、石油、煤气等气体。圆筒形仓库的建筑设计根据贮存物品的种类和进卸料方式而确定。库顶、库壁和库底必须防水、防潮，库顶应设吸尘装置。为便于日常维修，要设置吊物孔、人孔（库壁设爬梯）、量仓孔和起重吊钩等。圆筒形仓库一般采用现浇预应力钢筋混凝土结构，用滑模法施工。贮油库和贮气

库则用金属结构。要注意仓库的通风，每层仓库的外墙上应设置百叶窗，百叶窗外加金属网，以防鸟雀。危险品库如贮油（气）或贮化工原料的仓库必须防热防潮，在屋面上加隔热层或按防爆屋面设计，出入口设置防火隔墙，地面用不产生火花的材料，一般可用沥青地面。贮油库要设置集油坑。食品仓库要防蚁防蜂。

⑤ 保税仓库。保税仓库是指由海关批准设立的供进口货物储存而不受关税法和进口管制条例管理的仓库。

⑥ 立体仓库。货架自动化立体仓库简称立体仓库，一般指采用几层、十几层乃至几十层高的货架储存单元货物，用相应的物料搬运设备进行货物入库和出库作业的仓库。由于这类仓库能充分利用空间储存货物，故常形象地将其称为"立体仓库"。

立体仓库可实现仓库层高合理化、存取自动化、操作简便化，是当前技术水平较高的形式。立体仓库的主体由货架、巷道式堆垛起重机、入（出）库工作台和自动运进（出）及操作控制系统组成。货架是钢结构或钢筋混凝土结构的建筑物或结构体，货架内是标准尺寸的货位空间，巷道式堆垛起重机穿行于货架之间的巷道中，完成存、取货的工作。立体仓库管理上采用计算机及条形码技术。

（2）按用途分类。

按照仓库在商品流通过程中所起的作用可以分为以下几种：

① 批发仓库。批发仓库主要用于储存从采购供应库场调进或在当地收购的商品，这一类仓库一般靠近商品销售市场，规模同采购供应仓库相比一般要小一些。它既从事批发供货业务，也从事拆零供货业务。

② 采购供应仓库。采购供应仓库主要用于集中储存从生产部门收购的和供国际进出口的商品，一般这一类仓库库场设在商品生产比较集中的大、中城市，或商品运输枢纽的所在地。

③ 加工仓库。具有产品加工能力的仓库被称为加工仓库。

④ 中转仓库。中转仓库处于货物运输系统的中间环节，存放那些等待转运的货物，一般货物在此仅做临时停放。这一类仓库一般设置在公路、铁路的场站和水路运输的港口码头附近，以方便货物在此等待装运。

⑤ 零售仓库。零售仓库主要用于为商业零售业做短期储货，一般是提供店面销售。零售仓库的规模较小，所储存物资周转快。

⑥ 储备仓库。这一类仓库一般由国家设置，以保管国家应急的储备物资

和战备物资。货物在此种仓库中储存时间一般比较长，并且储存的物资会定期更新，以保证物资的质量。

⑦ 保税仓库。保税仓库是指出于国际贸易的需要，设置在一国国土之内但在海关关境以外的仓库。外国企业的货物在办理了海关申报手续后可以免税进出这类仓库，而且经过批准后，可以在保税仓库内对货物进行加工、存储等作业。

（3）按货物特性分类。

① 原料仓库。原料仓库是用来储存生产所用的原材料，这类仓库一般比较大。

② 产品仓库。产品仓库的作用是存放已经完成的产品，但这些产品还没有进入流通领域，这种仓库一般附属于产品生产工厂。

③ 冷藏仓库。冷藏仓库用来储藏那些需要进行冷藏储存的货物，大多为农副产品、药品等对储存温度有要求的物品。

④ 恒温仓库。恒温仓库和冷藏仓库一样，也是用来储存对储藏温度有要求的物品。

⑤ 危险品仓库。危险品仓库从字面上就比较容易理解，它是用于储存危险品的，危险品由于可能对人体以及环境造成危险，因此在此类物品的储存方面一般会有特定的要求。例如，许多化学用品就是危险品，它们的储存都有专门的条例。

⑥ 水面仓库。对圆木、竹排等能够在水面上漂浮的物品来说，它们可以储存在水面上。

3.仓库参数确定

仓库参数确定内容如图 4-1 所示。

（1）仓库规模的确定。

通常情况下，仓库的规模以面积、容积和吞吐能力来表示。

影响仓库规模的主要因素包括：客户服务水平、所服务市场的产品数量、投入市场的产业数目、产品大小、所用的物料搬运系统、吞吐率、生产提前期、库存布置、通道要求、仓库中的办公区域、使用的支架和货架类型以及需求的水平和方式等。

企业在确定仓库的规模时，一般根据其存货速度（用周转率来衡量）以及在最大限度上"直接送货"给客户（通过一个地区性仓库或者批发商的仓库）的特征来计算工厂/批发商的仓库所需的面积，再在每种主要产品的基本储存空间基础上增加通道、站台以及垂直和水平存储提供的场地的面积。

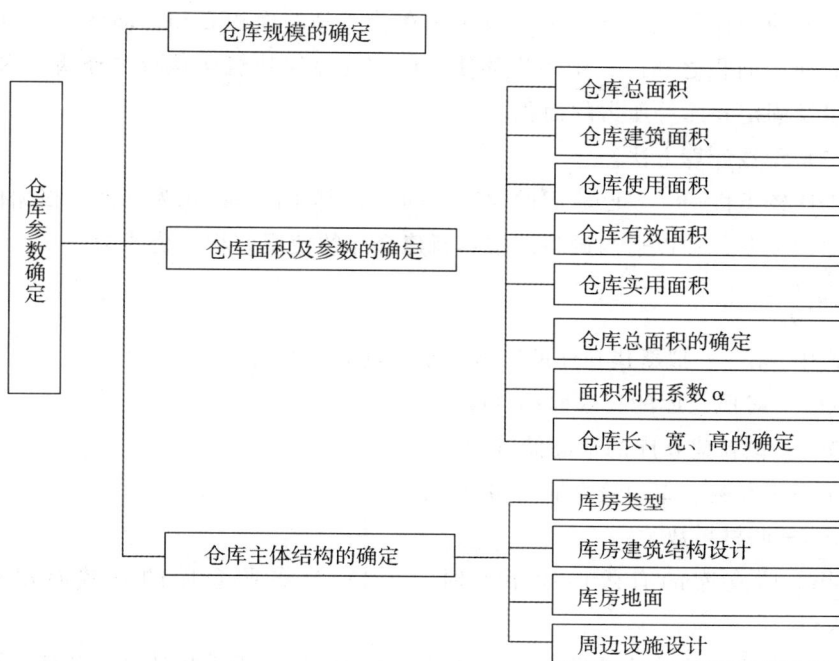

图4-1　仓库参数确定内容

　　通过计划销售量、存货周转率以及直接运输给客户的流经存货，可精确地计算出将来所需的仓库空间大小。

　　（2）仓库面积类型及含义。

　　其中，仓库总面积是指从仓库外墙线算起，整个围墙内所占的全部面积。若在墙外还有仓库的生活区、行政区或库外专用线，则应包括在总面积之内。

　　仓库建筑面积是指仓库内所有建筑物所占平面面积之和。若有多层建筑，则还应加上多层面积的累计数。仓库建筑面积包括：生产性建筑面积（包括库房、货场、货棚所占建筑面积之和）；辅助生产性建筑面积（包括机修车间、车库、变电所等所占建筑面积之和）；行政生活建筑面积（包括办公室、食堂、宿舍等所占面积之和）。

　　确定仓库面积主要依据以下几个因素：

　　第一，物资储备量，它决定了所需仓库的规模；

　　第二，平均库存量，主要决定了所需仓库的面积；

　　第三，仓库吞吐量，反映了仓库实物作业量，与仓库面积呈正比例关系；

　　第四，货物品种数，在货物总量一定的情况下，货物品种越多，所占货位越多，收发区越大，所需仓库面积也越大。

仓库使用面积是指仓库内可以用来存放货品的面积之和，即库房、货棚、货场的使用面积之和。其中库房的使用面积为库房建筑面积减去外墙、内柱、间隔墙及固定仓库等所占的面积。

（3）参数计算方法。

①比较类推法。以已建成的同级、同类、同种仓库面积为基准，根据储量增减比例关系，加以适当调整来推算新建仓库的使用面积，公式为：

$$S=S_0\frac{Q}{Q_0}k$$

式中：S——拟新建仓库的有效面积（m²）；

S_0——参照仓库的有效面积（m²）；

Q——拟新建仓库的最高储备量（t）；

Q_0——参照仓库的最高储备量（t）；

k——调整系数。

当参照仓库的有效面积不足时，k>1；当参照仓库的有效面积有余时，k<1。

②系数法。系数法是根据有效面积及仓库面积利用系数计算拟新建仓库的使用面积，公式为：

$$S=\frac{S_{实}}{a}$$

式中：S——拟新建仓库的使用面积（m²）；

$S_{实}$——拟新建仓库的有效面积（m²）；

a——仓库面积利用系数，即仓库有效面积占使用面积的比重。

③直接计算法。直接计算法是先计算出货垛、货架、通道、收发作业区、垛距、墙距所占用的面积，然后求和得出总使用面积。

（4）仓库有效面积。

仓库有效面积指仓库内实际存储的物品所占的面积，包括货垛、货架等所占面积的总和。有效面积的计算方法主要有以下三种：

①计重物品就地堆码。有效面积按仓容定额计算，公式为：

$$S_{实}=\frac{Q}{N_{定}}$$

式中：$S_{实}$——有效面积（m²）；

Q——该种物品的最高储备量（t）；

$N_{定}$——该种物品的仓容定额（t/m²）。

仓容定额是仓库中某种物品单位面积上的最高储存量，单位是t/m²。不同物品的仓容定额是不同的，同种物品在不同的储存条件下其仓容定额也不相同。仓容定额的大小受物品本身的外形、包装状态、仓库地坪的承载能力和装卸作业手段等因素的影响。

②计件物品就地堆码。有效面积按可堆层数计算，公式为：

$$S_{实}=单间底面积×\frac{总件数}{可堆积层数}$$

$$S_{实}=\frac{Q}{(lbh)kr}\cdot lb$$

式中：$S_{实}$——货架占用面积（m^2）；

Q——上架存放物品的最高储备量（t）；

l，b，h——货架的长、宽、高（m）；

k——货架的容积充满系数；

r——上架存放物品的容重（t/m^3）。

（5）仓库实用面积。

仓库实用面积指在仓库使用面积中，实际用来堆放货品所占的面积，即库房使用面积减去必需的通道、垛距、墙距及进行收发、验收、备料等作业区后所剩余的面积。

库房（或货棚、货场）实用面积的计算公式为：

$$S=\frac{Q}{q}$$

式中：S——库房（或货棚、货场）的实用面积；

Q——库房的最高储存量；

q——单位面积货品储存量。

（6）仓库总面积的确定。

仓库总面积的计算公式为：

$$F=\frac{\sum S}{\lambda}$$

式中：F——仓库的总面积；

$\sum S$——仓库实用面积之和；

λ——仓库面积利用系数。

（7）面积利用系数 α。

面积利用系数的计算公式为：

$$面积利用系数\ \alpha=\frac{实用面积(S_{实用})}{有效面积(S_{有效})}$$

面积利用系数 α 为实用面积与有效面积的比率，它取决于商品的种类及堆存方式。一般来说，就地堆放的商品占储存（保管）总面积的 70%～75%，上架存放的商品占总面积的 25%～30%，具体见表 4-2。

表 4-2 商品名称和堆存方式与面积利用系数 α 的关系表

商品名称和堆存方式	α 值	商品名称和堆存方式	α 值
1. 混合储存		2. 存于料仓的散装商品	0.50～0.70
（1）用货架（主信道 2.5～3.6 米，辅信道 1.1～1.2 米）	0.30～0.36	3. 存放在架子上的商品	
		（1）工具	0.25～0.30
（2）箱装堆存	0.55～0.60	（2）橡胶品	0.30～0.35
（3）桶装或袋装堆存	0.50～0.60	（3）有色金属制品	0.35～0.40
（4）金属材料分类存放于架上	0.25～0.40	（4）电气商品	0.25～0.30
（5）金属材料分类堆放	0.40～0.55	（5）劳保用品	0.30～0.35

（8）仓库长、宽、高的确定。

长度：按需要的装卸线的长度而定，库房长度应等于或大于装卸线长度。

宽度：库房宽度取决于仓库结构和作业方式。人工操作：大于 12 米；机械作业：14～16 米；木结构：9～15 米；钢架混凝土结构：大于 30 米。

长宽比：库房长宽比一般为 8：3，具体与仓库面积有关。

高度：库房高度是根据货架或货垛高度加上上方安全间距，并保证通风和照明需要来核定的：

$$库房高度 = 梁架下弦至桥式起重机上限距离 h1 + 桥式起重机上限至桥式起重机吊钩下限距离 h2 + 被吊货物所占空间高度 h3 + 被吊货物下缘距货架顶部距离 h4 + 货架高度 h5$$

一般单层库房从地坪到梁架的下缘应不小于 3.5 米；有货架或使用堆垛机的单层库房高度可在 5 米以上；多层库房的底层库房高度一般为 4～5 米，上层应为 3.5～4 米；有桥式起重机的，高度可超过 5 米。

4. 仓库主体结构的确定

仓库的库房包括厂房建筑，如业务综合楼、信息控制中心、仓储区、流通加工区、集装箱处理区等，以及与厂房建筑相关的交通、土建、水电、安全消防等周边设施。这些设施一般根据仓库实际需要来选定。

从装卸货物的效率看，建筑物最好是平房建筑。但由于城市土地紧张和地价的限制，一般采用多层建筑物。

库房建筑结构设计情况如下：

（1）建筑层数及高度。

建筑层数：可采用单层或多层的形式，并与库房的结构相匹配。由于目前物流发展的方向为货架化和托盘化，考虑到方便理货、分拣等作业，宜采用单层的高架库房。

建筑高度：建筑的高度与其结构形式以及存取的货物类型有关，主要考虑最下层货物所能承受的压力。建筑高度为堆放货物的高度加上剩余空间的总高度。

一般来说，单层高架库房的净高不应小于7米，以能存放4层托盘的货物为宜；若是两层建筑，则二楼高度为5米左右，一楼与二楼高度总共约为13米；若是三层建筑，则二、三楼高度为5米左右，一楼、二楼与三楼高度总共约为18米。

天花板高度：仓库的天花板高度是库内使用装卸机械的一个基准。叉车的标准提升高度是3米，使用多段式高门架时是6米。在设计时：

天花板高度=叉车最大提升高度+叉车上物品堆放高度+梁下余隙（0.5米）

考虑托盘装载物品的高度，包括托盘的厚度在内，密度大且不稳定的物品，通常以1.2米为标准，密度小且稳定的物品，通常以1.6米为标准。

以其倍数（层数）来看，1.2米/层×4层=4.8米，1.6米/层×3层=4.8米，因此，天花板的高度不应低于5米。

另外，有的仓库内部设置夹层楼板，也叫临时架，是在地板与楼板之间另加半层楼，能成倍利用保管的空间，并能有效地利用仓库梁下的空间。

（2）立柱跨度。

立柱跨度是指从一根柱子的中线到另外一根柱子的中线之间的距离。在决定立柱跨度时，应充分考虑建筑物的构造与经济性、仓库存储设备的类型和托盘的规格尺寸等因素，以求最适宜的立柱宽度。通常立柱不应过多，但立柱过少而仓库又过大会导致建造费用增加。一般来说，以立柱间摆放车辆数、物品数或托盘数为准。

当摆放车辆时：

立柱跨度=摆放车辆×车宽+车间距×（摆放车辆数−1）+车柱间隔×2

摆放叉车、物品或托盘时类推。

摆放货架时，考虑货架一般靠柱，两排货架间设一通道，则：

立柱跨度=摆放货架数×货架宽+货架间距（通道）×（摆放货架数÷2）

一般情况下，立柱跨度为7～10米，且尽可能竖立在通道的外侧，以不阻挡人员通行及物料搬运为原则，以可以停放大型卡车两辆或者小型卡车三辆为宜。

（3）库房作业门。

库房作业门主要是将厂房与外界隔开，防止冷气、暖气外泄，隔绝噪声。设计时应考虑货物流量的大小以及作业机械和储存货物的外包装尺寸，以不妨碍堆高车的进出为原则。具体情况见表4-3。

表4-3　　　　　　　　　　　　库房作业门具体情况表

作业机械	铲车、汽车	手推车、电瓶车
门洞高	3.9～5.4米	2.1～2.4米
门洞宽	3.3～4.5米	1.8～2.1米

（4）库房进出口。

通常，库房设有两个站台，各位于一端，一个收货站台，一个发货站台。货物在两个站台之间移动。另一种布局是只有一个站台，规定时间来分别进行收货和发货工作。在前一种布局下，货物的移动路线是直线；在后一种布局下，货物的移动路线是U形。前一种布局多占用一个站台的空间，而后一种布局货物的分拣和作业效率相对较低。

①库房地面要求。仓库地坪单位面积建筑承载能力因地面、垫层和地基结构的不同而不同，具体见表4-4。在确定地面负荷强度时，不仅要考虑地面上货物的重量，还要考虑所用装卸搬运机械的重量。应充分利用地坪的承载能力，采用各种货架存货，以充分利用空间，同时使用各种装卸机械设备配合作业，加速库存货品的周转。

表4-4　　　　　　　　　　　　地面负荷强度规定表

平房建筑物		2.5～3 t/㎡
多层建筑物	一层	2.5～3 t/㎡
	二层	2.0～2.5 t/㎡
	三层及以上	1.5～2 t/㎡

此外，地面材质的选用也非常重要。目前的地板表面材质种类很多，有水泥地板、金刚砂水泥地板、塑料地砖地板、无缝树脂地板等几种，在设计时应针对储放货物的特性选择较耐用的材质。目前使用最多的是金刚砂水泥地板，而且价格非常合理。

②地面平整度。地面平整度由堆高机作业对货物的稳定性要求和速度限制以及货架高度等因素决定。通常仓库地面水平误差为1%，通过表面处理可以维持较清洁的环境并给堆高机作业带来方便。

5.周边设施设计

仓库周边设施的设计，一方面要满足设备运转的需要，另一方面要满足企业文化、形象、员工福利的需要。

现代化仓库在企业形象、企业文化、标志以及整个环境规划方面都应呈现出干净、卫生、柔和、明朗、明快、清爽和高效的物流企业的独特风格。

因此，在对仓库进行规划设计时，除考虑流程、制度和作业需要之外，还要将企业形象具体化与厂房建筑设施和周边设施结合起来考虑。

对仓库周边设施的设计主要表现在以下几个方面：①采光和照明；②工作安全设施；③温湿度调节。

（四）生产要素

1.生产要素的含义

生产要素，又称生产因素，指进行社会生产经营活动时所需要的各种社会资源，是维系国民经济运行及市场主体生产经营所必须具备的基本因素。生产要素是经济学中的一个基本范畴。现代经济学一般认为生产要素包括劳动、土地、资本、企业家才能四种。在社会经济发展的历史过程中，生产要素的内涵日益丰富，不断有新的生产要素如现代科学技术、管理、信息、资源等进入生产过程，在现代化大生产中发挥各自的作用。

2.资源配置

各种生产要素配置基于两个考虑：一是要素所有权关系在经济上的体现，谁持有要素，谁是要素所有权人，谁就可以配置；二是市场经济配置资源的内在要求，市场经济要求资源优化配置，给予要素贡献分配有利于引导资源往优的领域配置。

给予劳动要素贡献分配，可以引导劳动者在优的领域多劳多得。当种番薯、黄瓜比种水稻、小麦更赚钱或工资更高时，优秀的劳动者、想要更高工资的劳动者自然流入番薯、黄瓜种植领域。当西北和中原地区工资更高、生活消费物价水平更低时，东南沿海的优秀劳动者也会迁徙到西北和中原地区。

当投资房地产的收益比投资股市的收益更高时，投资股市的资金就会流向房地产市场，从而推高房价。当股市、房市无法逐利时，投资股市、房地产的资金自然就会流到实体经济，流到商品市场，推高物价、工业品价格、期货价格。

给人端茶倒水本来是普通的家务活，一般人都不愿意干，一旦把这些活搬到飞机上，收高额的机票价格，给空哥空姐开高工资，端茶倒水的活人人都抢着干。随着空中乘务员与其他行业职位的收入、处境、待遇逐渐持平，空哥空姐也会变成空叔空嫂。可以预测，未来不久，飞机上的服务员不再都是帅哥美女，也有可能是大叔大妈。

一般采取市场机制配置生产要素。市场经济要求生产要素商品化，以商品形式在市场上通过市场交易实现流动和配置，从而形成各种生产要素市场。

一方面，生产要素既然已经商品化，其价格形成和变动过程就与普通商品的价格形成和变动过程具有共同之处；另一方面，生产要素虽然是商品，但毕竟是特殊的商品，其价格形成与变动必然具有自身的特点。

（1）土地市场。

土地作为生产要素范畴，是未经人类劳动改造过的各种自然资源的统称，既包括一般的可耕地和建筑用地，也包括森林、矿藏、水面、天空等。土地是任何经济活动都必须依赖和利用的经济资源，比之于其他经济资源，其自然特征主要是它的位置不动性和持久性，以及丰度和位置优劣的差异性。相对于其他经济资源和生产要素，土地是最难以增加的，其稀缺性比其他生产要素更显著。特别是随着人口的增多、经济活动规模的扩大和深度发展，土地的稀缺性具有明显加强的客观趋势。如何保护和利用好现有的各种土地资源、开发新的土地资源，始终是经济活动的重要问题。对于人口众多、人均可用土地资源严重不足的中国来说，土地资源的保护、利用和开发更为重要，而土地资源商品化、配置市场化，是提高土地资源配置和利用效率的重要途径。

在中国，土地实行国家所有制和集体所有制两种制度。城市土地和非农业用地实行国家所有制，农业用地实行集体所有制。以此为基础，在改革中形成两种彼此分隔的土地市场，即城市土地市场和农村土地市场。

城市土地市场，包括土地使用权出让市场（一级市场）和土地使用权转让市场（二级市场）。城市土地使用权出让市场是由国家的地产机构垄断经营的市场，农村集体所有的土地必须在被国家征用为国有土地之后，才能进入城市土地使用权转让市场。城市土地一级市场就是国家将国有的城市土地包括国家有偿征用的原属集体所有的土地的使用权有偿出让的市场。

土地使用权的出让方式分为"零租制"和"批租制"两种。"零租制"对出让的土地按不同等级逐年收取不同水平的土地使用费；"批租制"是有限期地出让土地使用权，一次性地收取地价款，并每年收取为数不多的使用金。在二级土地市场上，土地使用权的转让有租赁、抵押等不同的具体形式。

在土地出让和转让过程中，受让者向出让者交纳的土地使用费是由两部分组成的：一部分是投入土地并形成土地生产力的固定资本即土地资本的折旧和利息；另一部分是为使用土地而支付的地租。地租资本化就表现为土地价格。土地作为生产的自然要素条件，自身不能创造价值，而是凭借所有权分享生产剩余或利润收入，地租收入的价值源泉是"剩余劳动的产物"。土地价格不是土地作为自然要素价值的货币表现，而是土地所有者索取地租收入权利商品化、市场化，实行市场交易的买卖价格，实质是地租收入资本化的货币表现。尽管地价的高低不仅取决于地租量和利息率水平，而且受土地供求、地理区位、生态环境、心理偏好等相关因素影响，但这些都不是创造价值的源泉。土地价格是没有价值而有价格的"不合理形式"。

（2）劳动。

劳动是最重要的经济资源和生产要素，在市场经济中必须通过劳动力市场实现其配置和形成价格。"劳动是价值的实体和内在尺度，但是它本身没有价值。"工资不是劳动要素价值的货币表现，而是劳动力价格的表现。劳动力价值取决于再生产劳动力所必需的生活资料价值，通过劳动力市场的雇佣劳动关系，实现劳动者与资本的结合。工资在现象形态上表现为劳动的报酬，实质是劳动者再生产劳动力所必需的生活资料价值的货币表现。

（3）金融市场。

金融即货币资金的融通，是指在现代银行制度下的货币流通和信用活动的总称。金融市场就是货币资金的供给者和需求者进行货币资金的融通和交易的场所、机构和供求交易关系。通过买卖各种信用工具而进行货币资金的筹集、发放、转换等活动，金融市场可以实现社会闲散资金向生产经营性资金的转化，提高资金和社会经济资源的配置和利用效率。

金融市场主要由参与者、金融工具和组织方式等三个基本要素构成。

① 参与者。金融市场的参与者主要有政府、中央银行、商业银行和非银行性金融机构、企业和居民个人等五类。政府在金融市场中主要是充当资金的需求者和金融市场的管理者角色。中央银行是银行的银行，是商业银行的最后贷款者和金融市场的资金供给者，通过在金融市场上吞吐有价证券直接调节货币供给量，影响和指导金融市场的运行，是货币政策的制定者和执行者。商业银行和非银行性金融机构作为金融中介机构，是金融市场的最重要的参与者，资金供求双方是通过这些中介机构实现资金融通的，因此，它们实际上是金融

商品交易的中心。企业在金融市场上既是资金的供应者，又是资金的需求者。企业在经营中形成的闲置资金是金融市场的重要资金来源，而企业对资金的需求又构成资金需求的主要部分。居民在金融市场上主要是资金供给者，也会有一部分资金需求。

② 金融工具。金融工具也称为信用工具，是在金融市场上借以进行金融交易的工具，是证明资金交易双方债权债务关系的书面凭证，是一种具有法律效力的金融契约。金融工具种类繁多，一般分为两大类：一是债权债务凭证，如票据、债券等；二是所有权凭证，如股票等。

③ 组织方式。金融市场的组织方式是指金融交易所采取的方式，主要有三种：一是在固定场所，有组织、有制度、集中进行交易的方式，如交易所交易方式；二是在金融机构柜台上买卖双方进行面议、分散交易的方式，如柜台交易方式；三是场外交易方式，它是一种既没有固定场所，也不直接接触，而是主要借助电信手段完成交易的方式。

金融市场的分类：①根据融资方式的不同划分，金融市场可以区分为直接融资市场和间接融资市场两大类。在金融市场上，直接融资主要是筹集中长期资本，而间接融资则主要是筹集中短期周转资金。②根据融资期限的长短划分，金融市场可以分为货币市场和资本市场两大类。

在资本融通过程中，资本的转让是有代价的，在市场运行中这种代价表现为资本要素价格。资本要素价格分两种情形：一种是借贷资本价格，表现为利息。利息不是资本价值额的表现，而是体现资本化收入的不合理的价格形式。利息是借贷资本所有者贷出资本使用权分享生产剩余或利润的表现形式，本质上是一种资本化收入。其价值源泉是劳动者劳动创造的一部分剩余价值。另一种是虚拟资本价格，如股票、债券等有价证券价格。股票本身没有价值，"只是代表取得收益的权利"，本质上是股息资本化收入的货币表现，是比借贷资本价格更为虚幻的不合理的价格形式。

（4）技术市场。

技术是人类在实践基础上通过经验总结、科学研究和实验等方式创造和发明出来的可以直接地改进生产或改善生活的知识和技能。技术一般以知识形态存在，在生产上，技术具有创造性和单一性，在使用和消费上具有持续性，并能在使用和消费中得到改进。技术具有使用价值，也是人类劳动的成果，如果投入市场交换，自然就表现为商品。

技术成果要成为商品，必须具备先进性、成熟性、适用性和经济性等条件：技术的先进性是指新技术必须优于原有技术；技术的成熟性是指新技术必须稳定和可靠；技术的适用性是指新技术能满足使用者的生产和市场需要，适应使用者的生产技术条件与环境，能为使用者消化掌握；技术的经济性是指技术的转让价格要合理，应用成本和投入为使用者所能承担。技术商品与普通商品不同的是，技术商品的交易具有延续性和重复性。

技术商品的流通表现为技术贸易，具体形式有很多，其中最典型的形式是技术转让。技术转让是将具有一定技术水平和实用价值的科技成果包括专利技术和专有技术由一方转让给另一方的活动。技术转让最主要的形式是许可证贸易。许可证贸易是指由技术贸易双方以签订许可证协议的形式进行的一种技术交易，具体地说有三种形式：

第一，独占许可证贸易。它要求在确定的区域内，被许可方对所购技术具有独占的使用权，许可方和任何第三者不能在该地区内使用所转让技术制造和销售产品。

第二，排他许可证贸易。其特征是在确定的区域内，被许可方独家使用所购技术制造和销售产品，任何第三方不得在该区域内使用所转让技术制造和销售产品，但是，许可方本身仍然保留在该区域内使用所转让技术制造和销售产品的权利。

第三，普通许可证贸易。其特征是许可方被允许在规定的区域内使用所购技术制造和销售产品，同时，许可方仍然保留在该区域内将同一技术再出让给第三方的权利。

技术商品的价格是指科技出让后从技术受让方获得的技术使用费。技术商品价格形成的特殊性在于：首先，形成技术商品价值的劳动是高级复杂劳动，是倍加的简单劳动。其次，形成技术商品价值的劳动不仅包括应用技术研究所耗费的劳动，而且包括与此直接有关的基础研究所耗费的劳动。最后，形成技术商品价值的劳动是通过技术应用后节约的劳动量，即一项科技产品新增的经济效益来表现的。在具体的价格形成和变动过程中，供求关系、技术商品的成本、潜在经济效益、寿命周期、转让次数、研制与推广风险、实用性和实施条件、价格的支付方式和技术流通方式等，都具有程度不同的实际影响。

（5）信息市场。

信息是人们对外界事物的某种了解和知识，以消除不确定的认识，它是人类认识的一种成果。信息还没有公认的定义。信息论创始人香农在《通信的数学理论》一书中认为，"信息是用于消除不确定的东西"；维纳在其《控制论》

一书中认为，信息是"同外部世界进行交换的内容的名称"。经济信息是人类对社会生产、交换、分配和消费等活动特征和规律性的认识，其中的部分内容具有特殊的使用价值，应作为商品成为市场交易的对象。

在市场经济中，被投入市场交易的信息是具有商业价值或经济功能的经济信息。这类经济信息都具有现实的经济应用价值，能给掌握这种信息的经济活动主体带来实际的经济利益，提高其经济活动的效益水平，这就是信息产品的使用价值。从信息产品的生产来看，信息产品特别是有经济功能的信息产品，一般地说都是耗费了人类劳动而专门生产出来的，是人类劳动成果的一部分。从事信息收集、加工和创造的劳动作为一种必不可少的生产性劳动，也需要通过某种方式实现补偿，这就要求将信息产品商品化，通过市场交易实现劳动补偿及相应的利益。信息产品成为商品，必然形成以信息商品为交易对象的市场即信息市场。

信息商品化，不仅可以使信息生产的消耗得以补偿，而且能促进信息的生产和流通，优化信息资源的配置，提高整个社会的经济效益。在信息交易中，信息商品的价格，一方面以信息商品的生产加工成本和社会劳动消耗数量为基础，另一方面也与信息商品的经济效益有很大关系。信息商品价格与其直接成本存在较大背离，这一方面是因为信息生产所消耗的劳动是一种极为特殊的高级复杂劳动，单位劳动消耗会形成较大的社会价值，另一方面主要是因为其潜在的经济效益较大，有较大的市场需求。

3. 要素需求

（1）生产要素需求的特点。

企业对生产要素的需求是从消费者对消费品的需求引致或派生的。生产要素的需求具有以下特点：

① 对生产要素的需求是"引致需求"。

② 对生产要素的需求不是对生产要素本身的需求，而是对生产要素的使用的需求。

③ 生产要素的需求来自生产者——企业。

④ 企业对生产要素需求的目的，是用于生产产品，希望从中间接地得到收益。

（2）决定生产要素需求的因素。

生产者对于一种生产要素需求的大小，取决于以下几个因素：

① 生产要素的边际生产力。边际生产力指某种单位数量的生产要素所能

生产的产品数量的大小。

② 所生产产品价格的高低。

③ 生产要素本身价格的高低。

④ 对生产要素的需求还受到技术因素的影响。

⑤ 短期和长期的生产要素需求是不同的，时间因素亦会对要素需求产生影响，因为短期与长期的要素需求弹性不同。

（五）采购过程

1.采购过程的概念

采购过程是指从采购计划开始，到采购询价、采购合同签订，一直到采购材料进场为止的过程。

2.采购过程的内容

（1）询价。

询价就是从可能的卖方那里获得谁有资格完成工作的信息，该过程的专业术语叫供方资格确认。获取信息的渠道有：招标公告、行业刊物、互联网等媒体、供应商目录、约定专家拟定可能的供应商名单等。通过询价可以获得供应商的投标建议书。

（2）供方选择。

这个阶段根据既定的评价标准选择一个承包商。评价方法有以下几种：

合同谈判：双方澄清分歧，达成协议。这种方式也叫"议标"。

加权方法：把定性数据量化，将人的偏见影响降至最低限度。这种方式也叫"综合评标法"。

筛选方法：为一个或多个评价标准确定最低限度履行要求，如最低价格法。

独立估算：采购组织自己编制"标底"，作为与卖方的建议比较的参考点。

一般情况下，要求参与竞争的承包商不得少于三个。选定供方后，经谈判，买卖双方签订合同。

（3）合同管理。

合同管理是确保买卖双方履行合同要求的过程，一般包括以下方面的集成和协调：

① 授权承包商在适当的时间进行工作。

② 监控承包商成本、进度计划和技术绩效。

③ 检查和核实分包商产品的质量。

④ 变更控制，以保证变更能得到适当的批准，并保证所有应该知情的人员获知变更。

⑤ 根据合同条款，建立卖方执行进度和费用支付的联系。

⑥ 采购审计。

⑦ 正式验收和合同归档。

3.采购过程的控制

一般而言，采购过程应当从以下几个方面进行控制：

（1）制定详尽的价格表（含价格上限和相关政策）。

（2）采用符合企业特点的采购策略（如常用的经济批量采购策略）。

（3）规定严格的采购流程（含申请制度、归口部门、订单审批制度、订单跟踪等过程）。

（4）制定合理的质检与验收流程等。除此之外，采购付款也应当涵盖在采购过程管理中，何时付款和如何付款同样需要进行成本与效益的平衡，因为资金同样是有成本的（资金成本）。

4.外包过程与采购过程的区别与联系

（1）两者的区别。

①目的有所不同。对外包过程进行控制和管理的目的是确保其采购过程中满足质量管理体系所要求的能力。承包方必须按照组织对过程事先策划的安排（遵循所提供的程序或相关文件）进行运作。

对采购过程进行控制的目的是确保组织所采购的产品在质量要求、交付和服务等方面符合规定的采购要求。尤其对于影响组织最终产品质量的产品的采购，有效进行供方选择、评价和重新评价的控制至关重要。

②对象有所不同。对外包过程的控制和管理侧重于过程的监视和测量，控制对象是过程，当然也包括对过程的结果（提供的产品）进行验证；否则，无法充分证明其过程具备的能力。

对采购过程的控制侧重于产品的监视和测量，控制对象是产品。控制的主要方式是进货验证，只有在"适当时"（包括特殊过程、关键过程或对最终产品产生重要影响时），可向供方提出某些方面的要求，目的是使供方持续提供符合组织要求的产品。

③控制方法有所不同。对外包过程既要实施控制，又要进行管理，涉及从输入到输出的整个运作过程（包括其子过程）。如对产品制造过程的外包，不仅应对其过程实施必要的监视，还应从原材料验证开始，直至最终产品的监视

和测量，都保持相应的记录。采购过程一般不涉及供方产品实现过程的管理，其控制方法仅仅围绕供方所提供的产品、交付和服务等方面进行验证，除"适当"外，很少要求供方必须进行原材料进货验证、半成品检验和提供记录或报告。

④实施部门有所不同。对采购过程实施控制，主要责任者是组织的采购部门或供应部门。若把设计和开发过程、产品防护过程（如成品的储藏和运输）、产品的监视和测量过程（如房地产商委托监理部门实施建房跟踪）、服务过程（如旅行社委托异地景点导游）等外包过程，一律交付采购部门或供应部门进行控制和管理，显然不合适。只有将外包过程授权对口部门或由分管负责人实施控制和管理，才能取得预期的效果。

（2）两者的联系。

外包过程和采购过程具有一定的内在联系。如采购过程中的选择、评价和重新评价供方的方式，组织与合格供方签订相关合同或协议的形式以及在"适当时"对供方提出其他要求等，外包过程都可以借鉴。尤其是产品制造过程的外包，很多要求都和采购过程的要求相类似，只是在控制程度和管理要求方面有所不同，稍加补充和完善即可实施。

（六）产品生产过程

生产过程控制指为确保生产过程处于受控状态，对直接或间接影响产品质量的生产、安装和服务过程所采取的作业技术和生产过程的分析、诊断和监控。

它的作用在于对生产过程的质量控制进行系统安排，对直接或间接影响过程质量的因素进行重点控制并制订实施控制计划，确保过程质量。

1.主要内容

（1）物资控制、可追溯性和标识。对生产过程所需材料和零件的类型、数目及要求作出相应规定，确保过程物资的质量，保持过程中产品的适用性、适型性；对过程中的物资进行标识，以确保物资标识和验证状态的可追溯性。

（2）设备的控制和维护。对影响产品质量特性的设备工具、计量器具等作出相应规定，在使用前均应验证其精确度，在两次使用间合理存放和防护，并定期验证和再校准；制订预防性设备维修计划，保证设备的精度和生产能力，以确保持续的过程能力。

（3）生产关键过程控制管理。对不易测量的产品特性、有关设备保养和操作所需特殊技能以及特殊过程进行重点控制；及时改善和纠正过程中的不足，在生产过程中，以适当的频次监测、控制和验证过程参数，来把握所有设备及操作人员等是否能满足产品质量的需要。

（4）文件控制。保证过程策划的要求得以实现，并保证在过程中使用的与过程有关的文件都是有效版本。

（5）过程更改控制。确保过程更改的正确性及实施，明确规定更改职责和权限，更改后对产品进行评价，验证更改的预期效果。

（6）验证状态的控制。采用适当的方法对过程的验证状态进行标识，通过标识区别未经验证、合格或不合格的产品，并通过标识识别验证的责任。

（7）不合格产品的控制。制定和执行不合格品控制程序，及时发现不合格品，对不合格品加以明确的标识并隔离存放，决定对不合格品的处理方法并加以监督，防止顾客收到不合格品及不合格品的非预期使用，避免进一步加工不合格品而发生不必要的费用。

2.控制方法

（1）编制和执行专门的质量控制程序。

（2）强化检验和监督。

（3）详细填写质量记录，明确责任，保证可追溯性。

（4）对不合格品的处理严加控制。

（5）加强设备的维护保养。

（6）采用统计控制方法进行生产过程控制，如控制图、统计抽样程序和方案等。

四、实训条件

1. 实训时间：4～6课时/40人。

2. 实训地点：多媒体实验室。

五、实训内容（任务）与要求

（一）公司架构

公司架构包括建立自己公司的厂区、购建厂房、购建仓库、建立办公室、设备采购、组织架构、人才招聘等内容。

1.厂区的购建

学生在此可以增设厂区。厂区的购建是一切操作的先决条件，学生可以选择适合自己的厂区，可查看被选择厂区的容量以及规划。

点击"增设厂区",选择想要建设的厂区模版,给厂区命名,如图4-2所示。

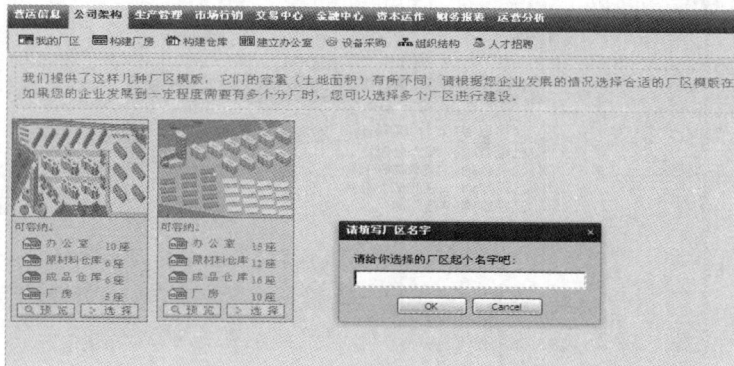

图4-2　厂区命名

完成增设厂区的工作后,点击"信息概况"可以查看厂区可容纳的办公室、原材料仓库、成品仓库和厂房的数量,以及已经建设的情况,如图4-3、图4-4、图4-5所示。

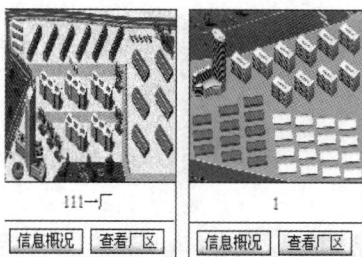

图4-3　查看厂区

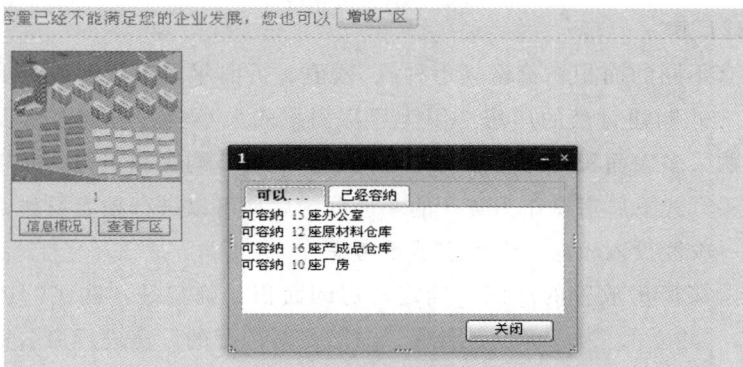

图4-4　查看容量

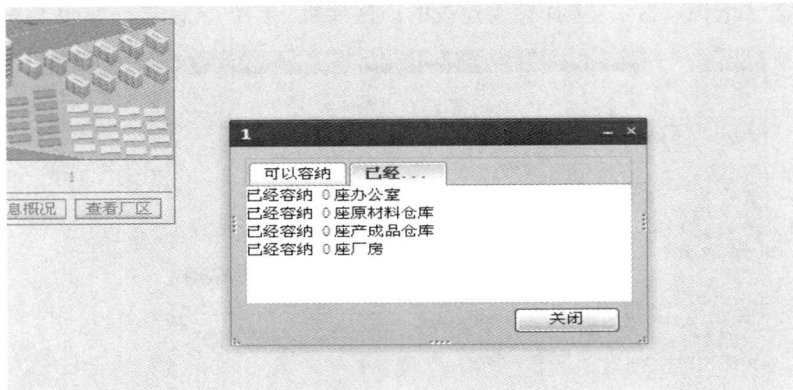

图4-5　查看已经容纳情况

点击"查看厂区"，完成购建厂房、购建仓库、建立办公室后，可以查看每一个厂区建设情况的图片，如图4-6所示。

图4-6　厂区建设示例

2.购建厂房

厂房有不同的面积、价格（币种）、残值、折旧年限等，学生可采用购买或租赁的方式购建自己的厂房。因为厂房面积的大小会影响到之后设备的购买，所以购买多大面积的厂房需要考虑清楚。当然，购买和租赁的效果是不一样的，购买方式下厂房将作为资产的一部分，后期可以进行拍卖操作，也可抵押等，但一次性投入较大。学生需慎重考虑。

选择购买厂房放置的厂区，确定厂房的面积，确定是"购买"还是"租赁"。点击"建立"，为厂房设置名称，命名是对选择的厂房进行命名管理，不能以同一名称对不同厂房进行命名，如图4-7所示。

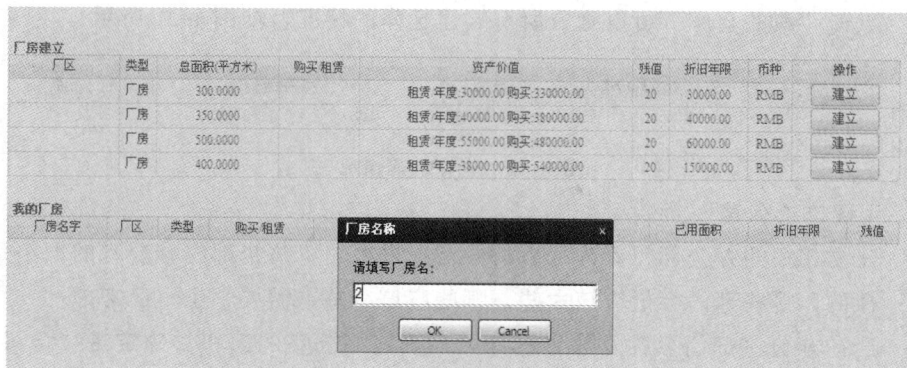

图4-7 厂房名称设置

点击"我的厂房"可以查看所有购建厂房的情况，如图4-8所示。

图4-8 厂房购建情况

3.购建仓库

仓库分为原材料仓库和成品仓库，与厂房一样，都可以采用现金购买和租赁的方式。学生需要考虑的是它们的面积，因为太大的仓库可能造成资金浪费，而太小则有可能无法容纳所购买的原材料和所生产的成品，所以，在购建之前，学生要知道原材料的体积以及自己打算生产多少产品，然后再进行合理的仓库购建。

选择购买仓库放置的厂区，确定是购建原材料仓库还是成品仓库，选择相应面积，确定是"购买"还是"租赁"。点击"建立"，为仓库设置名称，命名是对选择的仓库进行命名管理，不能以同一名称对不同仓库进行命名，如图4-9所示。

图4-9 仓库命名

点击"我的仓库"可以查看所有购建仓库的情况,如图4-10所示。

我的仓库								
仓库名字	厂区	类型	购买/租赁	总面积(平方米)	已用面积	支付金额(RMB)	折旧年限	残值
3	111一厂	成品仓库	租赁	500.0000	0.0000	460000.00 元		

图4-10　仓库购建情况

4.建立办公室

建立相关的办公部门,为之后的经营提供人力,每个部门办公室的大小是不一样的,哪些部门容量应该大些,哪些应该小些,需要学生自己考虑。

选择办公室部门名称及放置的厂区,确定办公室的面积,确定是"购买"还是"租赁",点击"建立"完成办公室的建立。

点击"我的办公室"可以查看各部门办公室的详细情况,如图4-11所示。

总经办	111一厂	15.0000	2	租赁	20	10000.00	租赁/年度:5400.00购买:90000.00	RMB	建立
总经办	111一厂	10.0000	1	租赁	20	5000.00	租赁/年度:3600.00购买:60000.00	RMB	建立
总经办	111一厂	120.0000	15	租赁	20	70000.00	租赁/年度:4320.00购买:700000.00	RMB	建立
总经办	111一厂	20.0000	1	租赁	20	10000.00	租赁/年度:7000.00购买:120000.00	RMB	建立

我的办公室							
部门名称	厂区	租赁购买	办公室面积(平方米)	办公室容量	支付金额(RMB)	折旧年限	残值
总经办	111一厂	购买	25.0000	5	142500.00	20	15000.00
人事部	111一厂	购买	25.0000	5	142500.00	20	15000.00
财务部	111一厂	购买	25.0000	5	142500.00	20	15000.00
营销部	111一厂	购买	25.0000	5	142500.00	20	15000.00
采购部	111一厂	购买	25.0000	5	142500.00	20	15000.00

图4-11　各部门办公室情况

5.设备采购

有多种设备可供选择,每种设备都有不同的性能,影响因素包括:价格、体积、维护费用、产能、折旧年限、残值、所需工种人数等。设备选择是比较重要的步骤,因为它会直接影响到后期的生产。在此,学生可根据情况选择多种设备放置不同的厂房,但也要看自己的经济实力。如何正确地选择设备,需要一定的决策分析能力。

选择要购买的设备以及要放置的厂房名称,点击"购买",如图4-12所示。

设备购买												
产品名称	设备名称	设备类型	价格	币种	体积/立方米	维护费用/年	最大产能/年	折旧年限	残值	所需工种	人数	放置厂房	操作
洗发水	全自动生产设备	全自动	450000.00	RMB	300	30000.00	230000	5	35000.00	生产工人	20人	111一厂2	购买
洗发水	柔性生产线	柔性	400000.00	RMB	400	20000.00	160000	5	50000.00	生产工人	40人	111一厂2	购买
洗发水	半自动生产线	半自动	350000.00	RMB	350	15000.00	180000	5	40000.00	生产工人	38人	111一厂2	购买
洗发水	手工生产线	手工	300000.00	RMB	500	8000.00	140000	5	30000.00	生产工人	60人	111一厂2	购买

我的设备										
产品名称	设备名称	设备类型	价格(RMB)	体积/立方米	维护费用	折旧年限	残值	最大产能	所需工种	人数	存放厂房
洗发水	全自动生产设备	全自动	450000.00	300	30000.00	5	35000.00	230000	生产工人	20人	111一厂2

图4-12　设备采购

6.组织结构

学生可通过软件提供的组织结构图，查看本公司组织结构的详情。通过此模块，学生可对一般企业的组织结构有所了解。此结构图为固定模式，其中人员数量根据办公室建立和人员招聘情况而变化，如图4-13所示。

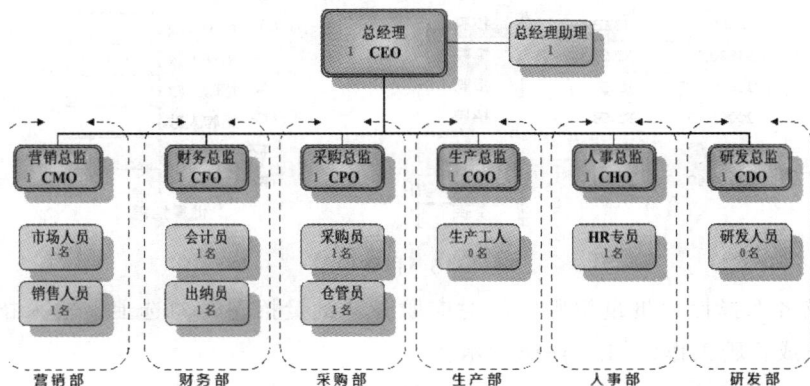

图4-13　组织结构

7.人才招聘

当完成"建立办公室"操作后，学生可根据所建立不同部门办公室的容量招聘相应的员工。人才招聘也是比较重要的操作步骤，不同部门的人员会影响到之后的操作。以生产工人为例，如果所招聘的工人数量达不到所购买设备的要求，将不能完成生产，系统也会有相关提示。每个部门的人员都会有不同的薪金，实训结束的时候系统自动扣除所有员工薪金费用。学生也可以做解聘操作。

可以选择性地招聘，点击"招聘"，输入招聘人数，完成招聘工作，如图4-14所示。

图4-14　人才招聘

或者选择批量招聘各种职务人员，点击"全选"，输入批量招聘人数，完成批量招聘工作，如图4-15所示。

年薪/人	币种	操作	批量招聘
72000.00	RMB	招聘	☑ 招聘人数：
24000.00	RMB	招聘	☑ 招聘人数：
30000.00	RMB	招聘	☑ 招聘人数：
28000.00	RMB	招聘	☑ 招聘人数：
30000.00	RMB	招聘	☑ 招聘人数：
20000.00	RMB	招聘	☑ 招聘人数：
18000.00	RMB	招聘	☑ 招聘人数：
62400.00	RMB	招聘	☑ 招聘人数：
		全选	批量招聘

图4-15　招聘设置

或者选择性地批量招聘，将对应职务"批量招聘"勾选上，输入招聘人数，完成招聘工作，如图4-16所示。

24000.00	RMB	招聘	☐
30000.00	RMB	招聘	☑ 招聘人数：
28000.00	RMB	招聘	☑ 招聘人数：
30000.00	RMB	招聘	☐
20000.00	RMB	招聘	☐
18000.00	RMB	招聘	☐
62400.00	RMB	招聘	☐
		全选	批量招聘

图4-16　选择性招聘

点击"我的员工"可以查看所有职务招聘情况，点击"解聘"可以完成解聘工作，如图4-17所示。

部门	工种	年薪(RMB)/人	此职位种总人数	已经使用的人数	操作
研发部	研发人员	62400.00 RMB	4		招聘 ☐ 全选 批量招聘
总经办	总经理(CEO)	160000.00	1	0	
总经办	总经理助理	72000.00	1	0	解聘
人事部	人事总监(CHO)	85000.00	1	0	
人事部	人事专员	25200.00	1	0	
财务部	财务总监(CFO)	90000.00	1	0	
财务部	会计人员	54000.00	1	0	解聘
财务部	出纳人员	24000.00	2	0	解聘
营销部	营销总监(CMO)	80000.00	1	0	
营销部	市场人员	30000.00	2	0	解聘
营销部	销售人员	28000.00	1	0	解聘
采购部	采购总监(CPO)	75000.00	1	0	
采购部	采购员	30000.00	1	0	解聘
采购部	仓管员	20000.00	1	0	解聘

图4-17　解聘

（二）生产管理

生产管理包括原材料采购、技术研发、技术购买、产品生产和产品数据。

1.原材料采购

要完成生产，需要对系统提供的每种原材料进行采购，可点击"全选"，输入本次采购的数量，如图4-18所示。

原材料购买

原材料名称	所属产品	所占比率(%)	体积/立方米	单价	币种	总量	剩余数量	放置仓库	购买	批量购买
磺酸	洗发水	0.0150	0.0010	0.80	RMB	12000000	11970000		购买	☑ 数量:2000
AES	洗发水	0.0100	0.0010	1.20	RMB	12000000	11970000		购买	☑ 数量:2000
6501	洗发水	0.0050	0.0010	1.00	RMB	12000000	11970000		购买	☑ 数量:2000
甜菜碱	洗发水	0.0100	0.0010	0.60	RMB	12000000	11970000		购买	☑ 数量:2000
珠光剂	洗发水	0.1500	0.0010	1.30	RMB	12000000	11970000		购买	☑ 数量:2000
柠檬酸	洗发水	0.0200	0.0010	1.20	RMB	12000000	11970000		购买	☑ 数量:2000
苯甲酸钠	洗发水	0.0150	0.0010	1.20	RMB	12000000	11970000		购买	☑ 数量:2000
氯化钠	洗发水	0.2500	0.0010	0.50	RMB	12000000	11970000		购买	☑ 数量:2000
香精	洗发水	0.0150	0.0010	1.20	RMB	12000000	11970000		购买	☑ 数量:2000
去离子水	洗发水	0.8700	0.0020	1.00	RMB	12000000	11970000		购买	☑ 数量:2000
									全选	批量购买

图4-18　采购

点击"批量购买"，所购买的材料列表显示，提示购买成功，如图4-19所示。

我的原材料

原材料名称	所占比率(%)	总体积/立方米	费用(RMB)	币种	购买数量	已用数量	可用数量
磺酸	0.0150	2.0000	1600.00	RMB	2000	0	2000
AES	0.0100	2.0000	2400.00	RMB	2000	0	2000
6501	0.0050	2.0000	2000.00	RMB	2000	0	2000
甜菜碱	0.0100	2.0000	1200.00	RMB	2000	0	2000
珠光剂	0.1500	2.0000	2600.00	RMB	2000	0	2000
柠檬酸	0.0200	2.0000	2400.00	RMB	2000	0	2000
苯甲酸钠	0.0150	2.0000	2400.00	RMB	2000	0	2000
氯化钠	0.2500	2.0000	1000.00	RMB	2000	0	2000
香精	0.0150	2.0000	2400.00	RMB	2000	0	2000
去离子水	0.8700	4.0000	2000.00	RMB	2000	0	2000

图4-19　采购完成信息

2.技术研发

通过技术研发来提高产品的档次，不同的研发技术有不同的等级，如研发金额、研发人数、研发失败率、研发周期。提高产品档次的目的是适应之后的市场营销（具体见市场营销模块）。对所要研发的项目点击"投入"按钮即可，如图4-20所示。

研发投入

投入项目	适合产品	投入金额	币种	所需人员	人员数量/人	影响产品等级	研发失败率(%)	研发周期(年)	操作
养发护发二合一技术研究	洗发水	46000.00	RMB	研发人员	3	0.5200	6.0000	2	投入
沙麟洗护二合一研制	洗发水	68000.00	RMB	研发人员	3	0.5600	5.0000	1	投入
洗法水止痒技术	洗发水	50000.00	RMB	研发人员	2	0.4800	4.0000	2	投入
去屑止痒技术	洗发水	52000.00	RMB	研发人员	2	0.5000	2.0000	1	投入
焗油护发功效	洗发水	35000.00	RMB	研发人员	2	0.3700	1.0000	1	投入

历史研发投入

投入项目	投入金额(RMB)	影响产品等级	研发失败率(%)	开始研发时间	已用研发人员	研发状态
沙麟洗护二合一研制	68000.00	0.5600	5.0000	2010年	3人	研发中

图4-20　技术研发

3.技术购买

和技术研发相同，技术购买也是为了提高产品档次，只是在表现形式上不同，技术购买是购买外部技术，购买之后，当年生效。对所要购买的技术，点击"购买"按钮即可，如图4-21所示。

技术购买

名称	价格	币种	影响产品等级	技术生效时间	操作
去屑技术研究	125000.00	RMB	0.3900	2010年	购买
市场品牌调研方案	70000.00	RMB	0.2300	2010年	购买
弹性检测技术	40000.00	RMB	0.1500	2010年	购买
巯基吡啶氧化锌去屑洗发水稳定性	30000.00	RMB	0.0870	2010年	购买
硅油对香波发泡力的影响测试技术	20000.00	RMB	0.0860	2010年	购买
品牌营销管理技术	25000.00	RMB	0.0880	2010年	购买
全自动生产技术	100000.00	RMB	0.2800	2010年	购买

历史购买技术

购买技术	价格(RMB)	影响产品等级	购买时间
弹性检测技术	40000.00	0.1500	2010年

图4-21　技术购买

4.产品生产

产品生产是重要步骤，系统会显示当前设备情况、仓库容量、原材料情况，以及单个产品的体积和产品当前的档次。当研发和技术购买还没有达到一定程度时，系统默认产品为低档，投入研发后，可选择不同的档次生产。输入要生产的产品数量后，点击"生产"，系统会自动计算所要生产产品的总体积，如图4-22所示。

5.产品数据

生产结束后，页面跳转到"产品数据"，可以查看当前库存总量、当前产品档次生产能力以及包装价格情况，如图4-23所示。

设备图片	设备名称	设备所需人数	设备年度最大产量	此年度已生产数量	此年度剩余产量	设备年度最大生产次数	此年度已生产次数	选择
图片	柔性生产线	40	160000	0	160000	12	0	⊙

我的成品仓库详情

总体积	已用体积	可用体积
500.0000	0.0000	500.0000

生产所需原材料: 磺酸 ＡＥＳ 6501 甜菜碱 珠光剂 柠檬酸 笨甲酸钠 氯化钠 香精 去离子水

我的原材料库存详情

原材料名称	总量	已用数量	可用数量
磺酸	2000	0	2000
ＡＥＳ	2000	0	2000
6501	2000	0	2000
甜菜碱	2000	0	2000
珠光剂	2000	0	2000
柠檬酸	2000	0	2000
笨甲酸钠	2000	0	2000
氯化钠	2000	0	2000
香精	2000	0	2000
去离子水	2000	0	2000

产品名称:洗发水 单个产品体积:0.0100立方米

产品等级:低档 ⊙

生产数量:2000 　　　　　生产
生产2000个产品的总体积为20立方米

图 4-22　产品生产

产品库存总量

产品档次	库存总数量
低档	2000
中档	0
高档	0

当前产品档次生产能力

当前产品档次
可生产 低档 产品

产品包装价格

包装名称	价格/个	对应产品档次
普通包装	2.00 RMB	低档
精美包装	3.00 RMB	中档
豪华包装	4.00 RMB	高档

图 4-23　产品数据

六、实训组织方法与步骤

1.将学生划分为若干小组，一般2～4人为一组。

2.每组学生根据课程预习内容和相关的理论书籍，结合本实训中涉及的各部分内容掌握生产、销售和资本的影响因素，并学会制定生产规划。同时，收集并学习一些大企业的年度经营计划或规划。

3. 进行操作演练，调动学生思考和发言的积极性，让每组学生进行充分的分析和讨论。

4. 对每个小组的问题进行分析、归纳和总结提炼，提出整体的指导意见，帮助学生掌握本实训内容。

5. 每个小组根据讨论和学习的结果编写实训心得和本季度经营规划，并在整个课程结束时附在实训报告中。

实训五

获得订单，体验市场营销

【思政园地】

市场营销应该遵守的原则

1.建立科学的营销管理体系

为了更好地进行市场营销管理，企业可以建立起一套行之有效的营销管理体系。具体来讲，这个管理体系可以包括营销管理制度、营销人员管理制度、渠道管理制度等，并配之以相应的规章和规定，一方面确保整个管理体系科学、全面，另一方面保证这个体系在法律范围内运行。

2.提高营销人员的法律素养

任何营销策划和营销行动最终都必须由人来完成。在实际的营销活动中，有些管理者或者营销人员法律意识淡薄，要么无法界定哪些是合法行为、哪些是违法行为，要么存在侥幸心理，明知违法却为了私利铤而走险。毫无疑问，不管是哪一种，最终都会给企业带来法律风险，让企业为之承受损失。所以，企业在营销活动开展前，可以有意识地对员工的法律素养进行培养，让他们明白如何科学、合理地进行营销活动，可以予以警示，哪些行为一定不能做。

3.尊重消费者合法权益

企业在产品推出后，通过有效的营销手段将产品进行交易，销往各个不同的区域，产品的受众群不同，但消费者应该享受一样的市场服务。《中华人民共和国消费者权益保护法》规定要保护消费者的合法权益，禁止企业为了竞争大打价格战，严禁地域歧视营销行为出现。

一、实训介绍

市场营销对于一个企业的重要性是不言而喻的。市场营销的成败决定了企业所秉持的战略计划是否能够实现，也在很大程度上影响到企业经营结果的优劣。市场营销的过程直接影响了产品销售订单的选择，也直接决定了企业的产品销售状况。在沙盘课程的市场营销过程中，各个企业通过广告投放参与销售订单的竞争，不同企业在广告投放方面的差异造成其选取销售订单的先后顺序和获得销售订单的机会不同。在市场上销售订单一定的情况下，有的企业能够得到理想的销售订单，有的则无法得到理想的销售订单甚至无法获得订单。

另外，在市场竞争激烈的今天，买方为了采购到性价比更高的产品，一般会以招标的形式进行采购，卖方则通过投标获得更多的商业机会。招标投标成为商业活动的重要组成部分。

本实训通过各种营销策略开拓市场，同时也可通过模拟招投标的过程获得订单。

二、实训目的

1. 能熟练运用营销策略。
2. 学习招投标的过程。
3. 了解系统中的招投标考核指标。

三、理论知识点

（一）企业市场营销概述

1.市场营销的效果分析

企业市场营销的效果可以从定性分析和定量分析两个方面进行衡量。定性分析可以在三个维度上加以进行：一是企业是否获得了数量足够的产品销售订单。库存产品越少，越有利于企业回笼资金，增加利润，增长权益，零库存是企业产品销售的理想状态。二是企业所获取销售订单的产品平均价格。不同市场上的同类产品价格差异较大，即便是在同一市场上，同类产品的价格也存在一定的差异，销售订单的产品价格越高，越有利于利润的增加。三是获得的销售订单的交货期和账期（是指从生产商、批发商向零售商供货后，直至零售商付款的这段时间周期）。不同的销售订单的交货期和账期不同，销售订单的交货期越长，越有利于企业安排生产，销售订单的应收账款的账期越短，越有利于企业资金的回笼和运转。

定量分析可以利用广告投入-产出比进行衡量。广告的投入-产出比是指投入的广告额除以获取的销售订单的总金额所得出的数值。仅就投入-产出比数据本身来说,数值越小,说明企业的广告效益越高,销售效果越好。在一般的沙盘竞争中,广告投入-产出比是1/8左右,能够达到1/10说明广告效率非常高,高于1/5则说明广告效益较低。

2.市场营销对企业利润的影响

市场营销对企业利润的影响主要体现在三个方面:一是市场营销需要投入一定的费用,即在进行广告投放时需要花费一定的费用,市场营销费用作为综合费用的一个项目影响企业的利润。二是企业为了获得更多的竞争对手的信息,是需要花费费用的。三是市场营销的结果决定了企业获得销售订单的状况,而销售订单的收入则直接影响到企业的利润,销售订单中的产品数量越多,平均价格越高,则企业所获得的利润就越大。

对于企业来说,为了获得理想的销售订单,降低市场销售中的风险,需要加大市场营销的费用投入,而为了降低综合费用,则需要控制市场营销的费用。在降低市场营销费用和获得理想的销售订单之间寻找一个理想的平衡点,是企业特别是市场总监需要重点考虑的问题。

市场营销的结果对企业的影响是全面的。

企业在某一经营年度的市场营销的结果影响企业的生产计划、财务计划、采购计划、下一经营年份的产品销售以及企业的决策。市场营销的结果对企业经营的影响表现在:生产线要根据获取的订单来生产产品和交货,有时候需要对生产线进行结构调整,方可完成销售订单的产品生产。如果存在生产线转产情况,则需要改变原材料的采购计划。在特别情况下,为了完成销售订单的交货,需要紧急采购原材料或者产品。如果企业获取的销售订单较为理想,可以较快地回笼资金,此时可以加大短期贷款的比例,扩大产能。而在获取的销售订单不够理想的情况下,则需要考虑增加长期贷款的比例,以减轻企业现金流的压力。如果该经营年度的库存产品过多,则下一经营年度在市场营销方面可以投入较多的广告费用,以减少库存的产品数量。如果该经营年度的市场销售情况较好,则可以进行新建生产线的操作,以获得更大的产能。如果企业在该经营年度获得市场领导者地位,则可以在下一经营年度合理地利用其市场领导者地位。企业每一经营年度的决策将会依据其市场营销状况加以调整,或者主动进行调整,或者被动进行调整。

3.市场营销是了解竞争对手的平台

市场营销是各个企业共同参与竞争的过程。在市场营销中,企业可以通过各个企业所投入的广告额度、选单顺序、产品销售等情况了解其他企业的营销策略、销售风格等情况，进而分析各个企业在各个市场上的企图，并根据产品构成推算出各个企业的发展方向和市场营销策略，特别是关注主要竞争对手的策略，从而根据市场情况和对手的情况加以应变。

4.市场营销的一般工作流程

市场营销不是一个孤立的过程，而是与整个企业的战略规划以及决策的实施息息相关的，并且市场营销策略制定后，要根据市场的变化和市场营销的结果进行调整和修正。市场营销的结果是充满不确定性和未知因素的，随机应变、因势利导的市场营销方式方能保证企业立于不败之地。市场营销的过程大概可以分为：根据企业的战略制定营销策略、确定营销方案、进行市场竞争和订单选取、根据营销结果调整企业的决策方案。

5.对市场总监的要求

市场营销是企业所有成员共同完成的一项工作，但营销方案的最终确定是由市场总监完成的。相对于企业的其他职位，市场总监需要在以下方面做得更细致：

第一，市场总监能够进行市场预测和分析。市场总监要充分熟悉每个市场每个产品的需求量、价格水平、价格走势等基本情况。在沙盘实战中，市场总监要成为企业市场的"活地图"，随时配合CEO和其他职位成员的工作。同时，市场总监要做好对市场的详细分析，帮助企业更快地完成战略规划，确定产品组合和目标市场等。例如，市场总监应该针对每种市场和每种产品做好毛利润分析研究，了解在各个市场的不同产品的利润情况，为企业在市场销售中获取最大利润做好准备工作。

第二，市场总监要具备高度的市场敏锐度。市场总监要能够解读市场上的每个细微的信息，判断信息的真实性和影响力，并迅速分析出这些信息中所蕴含的机遇和风险，以帮助企业抓住机遇、规避风险，及时地作出决策调整。例如，当有些企业陷入流动资金困难并且有大量库存产品时，如果可以进行场外交易，此时可以"趁火打劫"收购一些产品。

第三，市场总监要具备学习能力和观察能力。市场总监要学会从公开报表中分析竞争对手，学会使用沙盘竞争平台的间谍功能，学会通过观察了解竞争对手特别是主要竞争对手的决策意图。例如，为了了解P1产品在下一经营年度的市场竞争激烈程度，可以在所有企业完成该年度的经营任务时，根据各个企业的P1产品的产能之和与下一年度市场对P1产品的需求量的对比，判定市场竞争激烈程度。如果前者的数量是后者的1.4倍以上，那么该产品的市场竞争就是非常残酷的。

第四，市场总监要精于计算、勇于创新。在市场营销中有三部分内容需要详细计算：第一部分是对市场需求、产品价格、平均毛利、平均可以获取订单数量等项目的计算，这类项目是静态的；第二部分的计算则较为不确定，要根据市场预测计算出每个细分市场的订单数量、最大订单的产品数量、第二大订单的产品数量、其他订单产品数量等，需要依据一定的规律和公式进行估算；第三部分的计算最为复杂，是对竞争对手的综合计算，包括竞争对手产能情况、产品研发状况、ISO研发状况、市场开拓状况等，这类项目是动态的、繁杂的，并且对这类计算有非常强的时间要求，因为在沙盘经营活动中每个企业的决策时间是有限制的。另外，市场总监还要有创新意识，不要让思维程式化。例如，有的市场总监为了争夺市场领导者的地位，在产能没有优势的情况下通过紧急采购产品交付更多的销售订单方式获得市场领导者地位。

第五，市场总监要制作一系列的工具，以提高企业的市场营销工作效率。除了对市场分析要制作很多分析工具，市场总监还可以制作选单排序表、间谍表、竞争对手选单记录表等。

（二）市场营销策略

1.营销策略的基本概念

营销策略是指企业为了实现企业盈利目标，有计划、有组织地从企业自身和市场出发，战术性地作出快速反应而取得局部甚至全局的盈利的方法。从某种意义上说，它是企业货币资本增值的重要途径及主要手段，也是企业组织效益提高的重要过程。营销与企业是一种相辅相成的关系，营销需要企业的支持，而企业需要借助营销来发展，世界上许多著名的营销、管理方面的专家、学者在营销方面都提出过独特的见解。如"整合行销""兵法营销""营销就是让促销变成多余"等，无不说明营销的策略性在营销体系和整个企业中的重要地位。

一般地，一个公司进行营销策略的制定常常会从两个方面入手：一方面是从产品整合方面进行营销策略的研究；另一方面是从顾客需求考虑公司的营销策略。从两个方面进行营销策略的研究制定，所站的角度是不同的，前者是从公司产品角度考虑，后者是从市场和用户角度考虑。以产品为导向的营销策略的研究制定，是对一个公司的产品资源进行充分整合，使其具有的产品优势能有机会得以发挥，也使其分散的营销力量能形成合力，但是以产品为导向的营销策略在推广中容易产生"忽视对市场的研究，对市场的了解和把握不足"的问题，因此公司在采用这种策略时需要考虑如何避免对市场把握不足的问题。从市场需求的角度考虑对公司营销策略的研究制定，在一定程度上避免了对市场研究不足的问题。但是客户的需求是千变万化的，对同一个客户来说，在不同的时间和不同的环境，他的需求也会发生很大变化，这就存在客户需求难以有效把握的问题，因此我们就不能用对现在的市场研究分析的东西来制定针对未来市场的策略，如同"刻舟求剑"，而是应该不断地对市场进行动态的研究，然后根据市场的实际情况进行营销策略的推广。

2.营销策略的组成

本软件的营销策略主要采用4P理论，4P理论产生于20世纪60年代的美国，是随着营销组合理论的提出而出现的。1953年，尼尔·博登在美国市场营销学会的就职演说中创造了"市场营销组合"这一术语，其意是指市场需求或多或少地在某种程度上受到所谓"营销变量"或"营销要素"的影响。

4P营销理论实际上是从管理决策的角度来研究市场营销问题。从管理决策的角度看，影响企业市场营销活动的各种因素（变数）可以分为两大类：一是企业不可控因素，即营销者本身不可控制的市场营销环境，包括微观环境和宏观环境；二是可控因素，即营销者自己可以控制的产品、商标、品牌、价格、广告、渠道等，而4P就是对各种可控因素的归纳。

产品策略，主要是指企业以向目标市场提供各种适合消费者需求的有形和无形产品的方式来实现其营销目标，其中包括对与产品有关的品种、规格、式样、质量、包装、特色、商标、品牌以及各种服务措施等可控因素的组合和运用。

定价策略，主要是指企业以按照市场规律制定价格和变动价格等方式来实现其营销目标，其中包括对与定价有关的基本价格、折扣价格、津贴、付款期限、商业信用以及各种定价方法和定价技巧等可控因素的组合和运用。

分销策略，主要是指企业以合理地选择分销渠道和组织商品实体流通的方式来实现其营销目标，其中包括对与分销有关的渠道覆盖面、商品流转环节、中间商、网点设置以及储存运输等可控因素的组合和运用。

促销策略，主要是指企业以利用各种信息传播手段刺激消费者购买欲望，促进产品销售的方式来实现其营销目标，其中包括对与促销有关的广告、人员推销、营业推广、公共关系等可控因素的组合和运用。

（三）招标

1.招标的内涵

招标是一种国际上普遍运用的、有组织的市场交易行为，是贸易中的一种工程、货物、服务的买卖方式，相对于投标，称之为招标。招标是指招标人（买方）发出招标公告或投标邀请书，说明招标的工程、货物、服务的范围以及标段（标包）划分、数量、投标人（卖方）的资格要求等，邀请特定或不特定的投标人（卖方）在规定的时间、地点按照一定的程序进行投标的行为。

招标投标也被简称为招投标。招标和投标是一种商品交易的行为，是交易过程的两个方面。招标投标是一种国际惯例，是商品经济高度发展的产物，是应用技术、经济的方法和市场经济的竞争机制的作用，有组织地开展的一种择优成交的方式。这种方式是在货物、工程和服务的采购行为中，招标人通过事先公布的采购要求，吸引众多的投标人按照同等条件进行平等竞争，按照规定程序并组织技术、经济和法律等方面专家对众多的投标人进行综合评审，从中择优选定项目的中标人的行为过程。其实质是以较低的价格获得最优的货物、工程和服务。

招标可能是为买而招标，也可能是为卖而招标（如土地招标）。在政府采购中，招标是一种采购方式。

我国《招标投标法》规定，招标方式分为公开招标、邀请招标。

公开招标是指招标人以招标公告的方式邀请不特定的法人或者其他组织投标。公开招标，又叫竞争性招标，即由招标人在报刊、电子网络或其他媒体上刊登招标公告，吸引众多企业单位参加投标竞争，招标人从中选择最优中标单位的招标方式。按照竞争程度，公开招标可分为国际竞争性招标和国内竞争性招标。

公开招标的法律要素有：招标人是以招标公告的方式邀请投标；邀请投标对象是不特定的法人和其他组织。

邀请招标是指招标人以投标邀请的方式邀请特定的法人或其他组织投标。邀请招标，也称为有限竞争招标，是一种由招标人选择若干供应商或承包商，向其发出投标邀请，由被邀请的供应商、承包商投标竞争，从中选定中标者的招标方式。邀请招标的特点是：①邀请投标不使用公开的公告形式；②接受邀请的单位才是合格投标人；③投标人的数量有限。

邀请招标的法律要素是：招标人是以投标邀请书的方式邀请投标；邀请投标对象是特定的法人和其他组织。

为保证投标方式以公开招标为主的原则，并防止和减少招标中的不正当交易和腐败现象的发生，《投标招标法》第十一条作了限制邀请招标的规定："国务院发展计划部门确定的国家重点项目和省、自治区、直辖市人民政府确定的地方重点项目不适宜公开招标的，经国务院发展计划部门或者省、自治区、直辖市人民政府批准，可以进行邀请招标。"一般不适宜公开招标的项目有：①招标采购的技术要求高度复杂或有专门性质，只能由少数单位完成；②招标采购价格低，为提高效益和降低费用；③有其他不宜进行公开招标的原因。

另外，国际上常采用的招标方式还有第三种：议标，亦称为非竞争性招标或指定性招标。这种方式是业主邀请一家，最多不超过两家承包商来直接协商谈判，实际上是一种合同谈判的形式。这种方式适用于造价较低、工期紧、专业性强的工程或军事保密工程。其优点是可以节省时间，容易达成协议，迅速开展工作；缺点是无法获得有竞争力的报价。

中国主要采用的招标方式是公开招标、邀请招标两种方式，无特殊情况，应尽量避免议标方式。

招标工作的组织方式有两种：一种是业主自行组织；另一种是招标代理机构组织。业主具有编制招标文件和组织评标能力的，可以自行办理招标事宜。不具备的，招标人有权自行选择招标代理机构，委托其办理招标事宜。招标代理机构是依法设立从事招标代理业务并提供服务的社会中介组织。

重要性：工程项目招投标的目的就是在建设市场中引入竞争机制，这也是国际上采用的较为完善的工程项目承包方式，好处是在节约成本的同时减少腐败行为。

2. 招标的程序

（1）政府采购的招标程序。

政府采购的招标程序一般为：

① 采购人编制计划，报财政厅政府采购办审核；

② 采购办与招标代理机构办理委托手续，确定招标方式；

③ 进行市场调查，与采购人确认采购项目后，编制招标文件；

④ 发布招标公告或发出招标邀请函；

⑤ 出售招标文件，对潜在投标人资格预审；

⑥ 接受投标人标书；

⑦ 在公告或邀请函中规定的时间、地点公开开标；

⑧ 由评标委员对投标文件评标；

⑨ 依据评标原则及程序确定中标人；

⑩ 向中标人发送中标通知书；

⑪组织中标人与采购单位签订合同；

⑫进行合同履行的监督管理，解决中标人与采购单位的纠纷。

（2）工程施工公开招标程序。

工程施工公开招标程序一般为：

① 建设工程项目报建；

② 审查建设单位资质；

③ 招标申请；

④ 资格预审文件、招标文件的编制和送审；

⑤ 工程标底价格的编制；

⑥ 发布招标通告；

⑦ 单位资格审查；

⑧ 招标文件；

⑨ 勘察现场；

⑩ 招标预备会；

⑪投标文件管理；

⑫工程标底价格的报审；

⑬开标；

⑭评标；

⑮决标；

⑯合同签订。

3.招标的基本要求

我国《招标投标法》第十七条规定，招标人采用邀请招标方式的，应当向三个以上具备承担招标项目的能力、资信良好的特定的法人或者其他组织发出投标邀请书。投标邀请书应当载明本法第十六条第二款规定的事项。

邀请招标是招标人以投标邀请书邀请特定的法人或者其他组织参加投标的一种招标方式。这种招标方式与公开招标方式的不同之处在于，它允许招标人向有限数目的特定的法人或其他组织（供应商或承包商）发出投标邀请书，而不必发布招标公告。因此，邀请招标可以节约招标投标费用，提高效率。按照国内外的通常做法，采用邀请招标方式的前提条件是对市场供给情况比较了解，对供应商或承包商情况比较了解。在此基础上，还要考虑招标项目的具体情况：一是招标项目的技术新而且复杂或专业性很强，只能从有限范围的供应商或承包商中选择；二是招标项目本身的价值低，招标人只能通过限制投标人数来达到节约和提高效率的目的。因此，邀请招标是允许采用的，而且在实际中有其较大的适用性。

但是，在邀请招标中，招标人有可能故意邀请一些不符合条件的法人或其他组织作为其内定中标人的陪衬，搞假招标。为了防止这种现象的发生，应当对邀请招标的对象所具备的条件作出限定：向其发出投标邀请书的法人或其他组织应不少于三家，而且该法人或其他组织资信良好，具备承担招标项目的能力。前者是对邀请投标范围的最低限度的要求，以保证适当程度的竞争性；后者是对投标人资格和能力的要求，招标人对此还可以进行资格审查，以确定投标人是否达到这方面的要求。为了保证邀请招标适当程度的竞争性，招标人应邀请尽量多的法人或其他组织，向其发出投标邀请书，以确保有效的竞争。

投标邀请书与招标公告一样，是向作为供应商或承包法人或其他组织发出的关于招标事宜的初步基本文件。为了提高效率和透明度，投标邀请书必须载明必要的招标信息，目的是了解招标的条件是否为投标人所接受，并让投标人了解招标人的名称和地址、招标项目的性质、数量、实施地点和时间以及获取招标文件的办法等内容。这是最起码的规定，因而并不排除招标人增补其认为适宜的其他资料，如招标人对招标文件收取的费用、支付招标文件费用的货币和方式、招标文件所用的语言、希望或要求供应货物的时间或工程竣工的时间或提供服务的时间表等。

4. 招标的特点

招标与一般的交易方式相比，主要有以下三个特点：

（1）招标是由参加投标的企业按照招标人所提出的条件，一次性递价成交的贸易方式，双方无须进行反复磋商。

（2）招标是一种竞卖的贸易方式。

（3）招标是在指定的时间和指定的地点进行的，并事先规定了一些具体的条件，因此，投标必须根据其规定的条件进行，如不符合其条件，则难以中标。

5. 招标文件的编写

招标文件是由建设单位编写的用于招标的文档。编制施工招标文件必须做到系统、完整、准确、明了。

按照我国《工程建设项目施工招标投标办法》的有关规定，建设单位施工招标应具备下列条件：

（1）招标人已经依法成立；

（2）初步设计及概算应当履行审批手续的，已经批准；

（3）有相应资金或资金来源已经落实；

（4）有招标所需的设计图纸及技术资料；

（5）有组织开标、评标、定标的能力；

（6）招标文件必须符合国家的有关法规；

（7）招标文件应准确、详细地反映项目的客观真实情况，减少签约和履约过程中的争议；

（8）招标文件涉及招标者须知、合同条件、规范、工程量表等多项内容，力求统一和规范用语；

（9）坚持公正原则，不受部门、行业、地区限制，招标单位不得有亲有疏，特别是对于外部门、外地区的招标单位，应提供方便，不得借故阻碍。

招标文件主要包括招标邀请书、投标者须知、合同条件、规范、图纸、工程量、招标书和投标书格式、补充资料表、合同协议书及各类保证等。

其中，投标邀请书一般应包括建设单位招标项目性质，工程简况，发售招标文件的时间、地点、售价等内容。招标者须知一般应包括资格要求、招标文件要求、投标报价、投标有效期、投标保证等内容。

招标文件至少应包括以下内容：

（1）投标邀请书。投标邀请书是用来邀请资格预审合格的投标人，按规定时间和条件前来投标的文件。投标邀请书一般包括以下内容：招标人单位，招标性质，工程简况，分标情况，主要工程量，工期要求，承包人为完成本工程需提供的服务内容，发售招标文件的时间、地点和价格，投标文件送交的地点、份数和截止时间，提交投标保证金的数额和时间，开标时间、地点，现场考察和召开标前会的时间、地点。

（2）投标须知。投标须知是指导投标人正确地进行投标报价的文件，告知他们所应遵循的各项规定，一般包括以下内容：项目或工程简述，资金来源，承包方式，资格要求，组织投标人到工程现场考察和召开标前会解答疑难问题的时间、地点及有关事项，投标人应承担编制和递交投标文件所涉及的一切费用以及考察施工现场、参加标前会所发生的费用，填写投标文件的注意事项，投标文件的送达地址、截止时间，修改与撤销的注意事项，开标、评标、定标的程序。

（3）合同条件。

（4）技术规格。技术规格是招标文件和合同文件的重要组成部分，它规定所购货物、设备的性能和标准。技术规格也是评标的关键依据之一，如果技术规格制定得不明确或不全面，不仅会影响采购质量，也会增加评标难度。货物采购技术规格应采用国际或国内公认的标准，除不能准确或清楚地说明拟招标项目的特点外，各项技术规格均不得要求或标明某一特定的商标、名称、专利、设计、原产地或生产厂家，不得有针对某一潜在供应商或排斥某一潜在供应商的内容。

工程项目的技术规格较为复杂，包括：工程竣工后要求达到的标准，施工程序，施工中的各种计量方法、程序和标准，现场清理程序及标准等。

（5）投标书的编制要求。投标书是投标供应商对其投标内容的书面声明，包括投标文件构成、投标保证金、总投标价和投标书有效期等内容。

（6）供货一览表、报价表和工程量清单。

（7）履约保证金。履约保证金是为了保证采购单位的利益，避免因供应商违约给采购单位带来损失。一般来说，货物采购的履约保证金为合同价的 5%～10%，工程的履约保证金如果是提供担保书，其金额为合同价的 30%～50%，如果是提供银行保函，其金额为合同价的 10%。

（8）供应商应当提供的有关资格和资信证明文件。

6. 招标采用的形式

采购单位在正式招标以前，应在政府采购主管部门指定的媒体上刊登通告。从刊登通告到参加投标要留有充足的时间，让投标供应商有足够的时间准备投标文件。

（1）公开（邀请）招标采购方式。

① 主持人致主持词：宣布开标会开始，介绍采购项目内容及投标人名称；宣布本次招标活动的主持人、监标人、唱标人、记录人、联络人等工作人员名单。

② 宣读大会"会场纪律"。

③ 查验投标单位与会代表资格：公证员（监标人、工作人员）查验投标单位与会代表资格身份证明。

④ 查验保证金缴纳情况：请公证员（监标人、工作人员）查验。

⑤ 宣布各标书送达时间，查验标书密封情况：请公证员（供应商代表）检查投标文件密封情况，并公布查验结果。

⑥ 公开启封投标文件：请公证员（监标人、工作人员）启封标书，并做好记录。投标人对开标情况如有疑问，可当场提出。

⑦ 转入评审阶段：宣布进入评标阶段，请投标人在指定场所等候，等待评标小组通知，对有关事宜进行澄清，所有联络工作请与本次招标活动的联络人联系。

⑧ 宣读"评标专家须知"并介绍评委会成员：主持人宣读"评标专家须知"，介绍出席评标会议的评标委员会成员和其他工作人员，征询评委会成员回避主张。

⑨ 推选评委会组长：请评委会成员推选评委会组长。

⑩ 讨论招标文件、评标办法（指未进行事前论证的项目）：由采购人介绍项目基本情况，并对招标文件的内容进行介绍。

⑪ 评定技术标及商务标。

⑫ 公开启封价格标投标文件：公开唱标，请各投标人确认投标报价。

⑬ 决标：评委会根据招标文件规定的评标办法和投标人的投标情况进行评审，由评委会组长根据评委会成员签字的原始评标记录和评审结果编写评标报告，评标报告由评委会成员确认、签字。

⑭ 宣布评标结果：主持人在开标会场宣读评标结果及供应商质疑权利。

⑮ 公证员致公正词：请公证处公证员致公证词。

⑯ 开标、评标活动结束：感谢大家参与本次采购招标工作，感谢对采购工作的支持。

（2）竞争性谈判采购方式。

① 主持人致主持词：宣布竞争性谈判采购会开始，介绍采购项目内容及谈判供应商名称；宣布本次采购活动的主持人、监标人、唱标人、记录人、联络人等工作人员名单。

② 宣读大会"会场纪律"。

③ 查验谈判供应商与会代表资格：公证处（监标人、工作人员）查验谈判供应商与会代表资格身份证明。

④ 查验保证金缴纳情况：请公证员（监标人、工作人员）查验。

⑤ 宣布各谈判文件送达时间，查验谈判文件密封情况：请谈判供应商代表检查谈判文件密封情况，并公布查验结果。

⑥ 公开启封谈判文件：请公证员（监标人、工作人员）启封判标文件，并做好记录。谈判供应商对启封情况如有疑问，可当场提出。

⑦ 介绍谈判小组成员并推选谈判小组组长：主持人宣读"专家须知"，主持人逐个介绍谈判小组成员，询问是否存在回避问题，并由谈判小组成员推荐一名组长作为主谈人。

⑧ 谈判供应商资格评审：请谈判供应商在指定场所等候，等待谈判小组通知，对有关事宜进行澄清，所有联络工作请与本次招标活动的联络人联系。

⑨ 确定谈判顺序：由工作人员准备号牌让参加谈判的供应商代表抽取，以确定谈判顺序，并予以公布。

⑩ 谈判小组与供应商逐一谈判：按抽签确定好的顺序，谈判小组与供应商代表逐一进行谈判。

⑪ 最终报价：由各谈判供应商代表在事前准备好的报价表上填写最终报价交谈判小组。

⑫ 评审谈判结果：谈判小组根据供应商的最终报价及谈判文件中的评审要求进行评审，并推荐或确定成交候选人。

⑬ 宣布谈判结果：主持人宣读谈判结果及供应商质疑权利。

⑭ 谈判采购活动结束：感谢大家参与本次谈判采购工作，感谢对采购工作的支持。

（3）询价采购方式。

① 主持人致主持词：宣布询价采购会开始，介绍采购项目内容及询价供应商名称；宣布本次采购活动的主持人、监标人、唱标人、记录人、联络人等工作人员名单。

② 宣读大会"会场纪律"。

③ 查验询价供应商与会代表资格：公证处（监标人、工作人员）查验询价供应商与会代表资格身份证明。

④ 查验保证金缴纳情况：请公证员（监标人、工作人员）查验。

⑤ 宣布各报价文件送达时间，查验询价文件密封情况：请询价供应商代表检查报价文件密封情况，并公布查验结果。

⑥ 公开启封询价采购文件：请公证员（监标人、工作人员）启封报价文件，并做好记录。同时询价供应商对启封情况如有疑问，可当场提出。

⑦ 询价供应商资格评审：请询价供应商在指定场所等候，等待询价采购小组通知，对有关事宜进行澄清，所有联络工作请与本次招标活动的联络人联系。

⑧ 唱标：请工作人员当场拆开报价书，公开唱标，并做好记录。投标人

对开标情况如有疑问，可当场提出。唱标记录表（含各投标人名称、投标价格、价格折扣等有关内容）由报价人、唱标人、记录人、询价小组确认签字。

⑨ 宣布询价结果：根据符合采购需求、质量和服务相当且报价最低的原则确定成交供应商，并当场宣布结果。

⑩ 询价采购活动结束：感谢大家参与本次询价采购工作，感谢对采购工作的支持。

7.招投标的现场程序

（1）投标人身份确认。

招标人和工作人员依照招标文件要求，对参与开标的人员进行身份确认。投标企业的法定代表人或委托的公司总经理、专职交易员须出示法人卡和交易员卡，项目经理出示本人身份证，符合要求方可进场参与开标。投标人代表应按招标文件规定的时间，提前到达开标会地点并签到，无故缺席、迟到或不佩戴法人卡、交易员卡的视为放弃。

（2）缴纳投标保证金。

投标人须缴纳招标文件中规定数额的投标保证金。

（3）主持人（招标人）宣布开标会议开始。

（4）监督人员宣布投标人身份确认情况、投标须知及会场纪律：

① 投标人进入会场按指定位置依牌入座；

② 遵守开标纪律，不得大声喧哗，禁止吸烟，自觉爱护公共财物及设施；

③ 各投标单位之间不得交头接耳，交流信息；

④ 按秩序递交投标书，不得前拥后挤；

⑤ 自觉服从会场工作人员的指挥；

⑥ 主持人宣布会议结束后，投标人方可退场；

⑦ 违反投标须知及会场纪律的投标人，按扰乱投标秩序论处，将列入不良行为和黑名单。

（5）主持人介绍该工程的评标办法及工期、质量等要求，并询问投标人对招标文件有无异议，有异议当场解释，确认无异议后开始开标。

（6）各投标人按招标文件要求填写投标书（时间5分钟）。

（7）投标人依序递交投标书。

（8）交易中心工作人员开标、唱标及记录，投标人法人代表或委托的公司总经理先对唱标内容予以口头确认。

（9）确定中标候选人。

按评标办法抽取让利标底，并计算确定中标候选人。

（10）开标结果确认签字。

开标后投标人法定代表人或委托的公司总经理、招标人、唱标人、记录人及监督人均应在开标记录单上签字确认。

（11）公示中标候选人。

招标人应按规定将中标候选单位公示2天，并按要求提交招投标情况书面报告。

（12）发放中标通知书。

四、实训条件

1. 实训时间：4~6课时/40人。
2. 实训地点：多媒体实验室。

五、实训内容（任务）与要求

1. 市场营销

在结束前期公司构架、产品生产后，进入市场营销模块。需要说明的是，公司构架和产品生产与市场营销是密不可分的，生产什么样档次的产品，生产多少数量，都关系到之后的营销，所以，学生在操作前要对软件数据加以全面了解，不可盲目操作。

（1）市场开拓。

学生根据老师在后台添加的市场开拓内容，选择相应的区域，进行开拓投入，为之后本区域市场占有率的提升做好准备工作。其中，开拓分值衡量开拓程度的强弱，是数据量化的方式。

选择开拓项目，确定开拓的区域，点击"开拓市场"，完成开拓市场的工作，如图5-1所示。

发布的市场开拓

市场开拓名称	开拓费用	货币类型	分值	简单说明	开拓区域	操作
初步市场调查	20 000.00	RMB	1.0	对是否开拓该市场进行调查	华北地区	开拓市场
全面市场调查	50 000.00	RMB	2.0	对开拓该市场可行性进行全面调查	华北地区	开拓市场
市场公关准备	60 000.00	RMB	3.0	准备进入市场前的公共关系准备	华北地区	开拓市场
销售体系--总经销商	60 000.00	RMB	5.0	设立一个总经销	华北地区	开拓市场
销售体系--办事处	90 000.00	RMB	7.0	在当地设立办事处	华北地区	开拓市场
销售体系--分公司模式	100 000.00	RMB	9.0	在当地设立分公司	华北地区	开拓市场

我的市场开拓

公司名称	开拓费用(RMB)	开拓区域	分值	开拓时间
111	60 000.00	华北地区	5.0	2015年

图5-1 开拓市场

（2）广告宣传。

通过不同的宣传方式，提高产品的品牌知名度。品牌知名度的提高，有利于之后的渠道合作。学生在此可选择不同的宣传方式，针对自己所营销的区域进行合理投放，如图5-2所示。

请选择您要投放广告的媒体类型：

区域	我的品牌知名度
华北地区	0.0960
东北地区	0.0000
华东地区	0.0000
华南地区	0.0000
西北地区	0.0000
西南地区	0.0000
华中地区	0.0000

电视媒体　纸面媒体　户外媒体　网络媒体　直邮媒体

图5-2　广告宣传

广告宣传投入的前提是区域已经做了市场开拓，并且有足够的资金投入广告。

①电视媒体。学生可以在这里选择不同区域的各种各样的电视媒体为自己产品宣传，在"单位数量"栏填入相应的数字，点击"确认"即完成电视媒体的投入。在界面的下方有历史广告投放记录供参考，如图5-3所示。

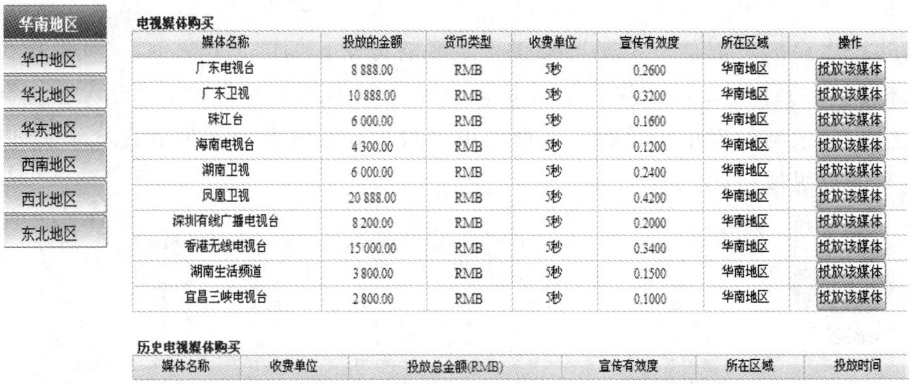

电视媒体购买

媒体名称	投放的金额	货币类型	收费单位	宣传有效度	所在区域	操作
广东电视台	8 888.00	RMB	5秒	0.2600	华南地区	投放该媒体
广东卫视	10 888.00	RMB	5秒	0.3200	华南地区	投放该媒体
珠江台	6 000.00	RMB	5秒	0.1600	华南地区	投放该媒体
海南电视台	4 300.00	RMB	5秒	0.1200	华南地区	投放该媒体
湖南卫视	6 000.00	RMB	5秒	0.2400	华南地区	投放该媒体
凤凰卫视	20 888.00	RMB	5秒	0.4200	华南地区	投放该媒体
深圳有线广播电视台	8 200.00	RMB	5秒	0.2000	华南地区	投放该媒体
香港无线电视台	15 000.00	RMB	5秒	0.3400	华南地区	投放该媒体
湖南生活频道	3 800.00	RMB	5秒	0.1500	华南地区	投放该媒体
宜昌三峡电视台	2 800.00	RMB	5秒	0.1000	华南地区	投放该媒体

华南地区 / 华中地区 / 华北地区 / 华东地区 / 西南地区 / 西北地区 / 东北地区

历史电视媒体购买

媒体名称	收费单位	投放总金额(RMB)	宣传有效度	所在区域	投放时间

图5-3　电视媒体

选择"投放该媒体"，输入投放数量，如图5-4所示。比如广东电视台，收费单位是5秒，投放的金额是8 888元，如果投放数量是1，系统将自动扣除费用8 888元，如果投放数量是2，系统将自动扣除费用17 776元，依此类推。

在"历史电视媒体购买"中可以查看所有投放媒体的信息，如图5-5所示。

珠江台	6 000.00	RMB	5秒	0.1600	华南地区	投放该媒体
海南电视台	4 300.00	RMB	5秒	0.1200	华南地区	投放该媒体
湖南卫视	6 000.00	RMB	5秒	0.2400	华南地区	投放该媒体
凤凰卫视	20 888.00	RMB	5秒	0.4200	华南地区	投放该媒体
深圳有线广播电视台	8 200.00				华南地区	投放该媒体
香港无线电视台	15 000.00				华南地区	投放该媒体
湖南生活频道	3 800.00				华南地区	投放该媒体
宜昌三峡电视台	2 800.00				华南地区	投放该媒体

媒体投放

请填写投放媒体数量(如:100):

2

OK　　　Cancel

电视媒体购买

媒体名称	收费单位	投放总金额(RMB)	宣传有效度	所在区域	投放时间

图 5-4　媒体投放

包头电视台	1 500.00	RMB	5秒	0.1000	华北地区	投放该媒体
赤峰电视台	2 000.00	RMB	5秒	0.1400	华北地区	投放该媒体
保定地方台	880.00	RMB	5秒	0.0700	华北地区	投放该媒体

电视媒体购买

媒体名称	收费单位	投放总金额(RMB)	宣传有效度	所在区域	投放时间
北京有线电视台	5秒	18 000.00	0.3600	华北地区	2015年

图 5-5　购买媒体信息

②纸面媒体投放。纸面媒体包括杂志、报纸等，系统设置了众多的媒体供学生选择，在单位数量栏填入数字，点击"确认"即可，在投入总价处显示当前的投入金额。界面下方是历史投入金额的记录，如图5-6所示。"收费单位"是指广告的计价方式，收费单价是每单位时间内的收费标准；"投入总金额"是投入单位与收费单价之积，在填入单位数量后系统会自动生成总价（实训操作与电视媒体一样）。

	纸面媒体购买						
华南地区	媒体名称	投放的金额	货币类型	收费单位	宣传有效度	所在区域	操作
华中地区	都市女报	20 000.00	RMB	1/2版	0.1500	华北地区	投放该媒体
华北地区	沿海新潮	8 000.00	RMB	1/4版	0.2400	华北地区	投放该媒体
华东地区	大众日报	20 000.00	RMB	封二	0.2600	华北地区	投放该媒体
西南地区	北方家庭报	8 000.00	RMB	四栏	0.2700	华北地区	投放该媒体
西北地区	新华日报	12 000.00	RMB	1/4版	0.2600	华北地区	投放该媒体
东北地区	生活日报	10 000.00	RMB	1/2版	0.2100	华北地区	投放该媒体
	《前线》杂志	8 000.00	RMB	1/4版	0.1800	华北地区	投放该媒体
	中国化妆品时尚版	6 000.00	RMB	四栏	0.1500	华北地区	投放该媒体
	瑞丽可爱先锋	6 000.00	RMB	四栏/1期	0.1500	华北地区	投放该媒体
	保定晚报	6 600.00	RMB	四栏/1季度	0.1400	华北地区	投放该媒体
	河南商报	2 400.00	RMB	1/4版/期	0.1500	华北地区	投放该媒体

历史纸面媒体购买					
媒体名称	收费单位	投放总金额(RMB)	宣传有效度	所在区域	投放时间
新华日报	1/4版	12 000.00	0.2600	华北地区	2015年

图 5-6　纸面媒体投放

③户外媒体投放。户外广告是产品宣传的一种重要手段，系统设置了全国各地的户外广告，包括墙面广告、车体广告等，学生在"单位数量"栏填入合

适的数字，点击"确认"即可。同样，界面下方有历史的投入记录供参考，如图 5-7 所示（实训操作与电视媒体一样）。

户外广告购买						
媒体名称	投放的金额	货币类型	收费单位	宣传有效度	所在区域	操作
市公交车侧面广告位	200 000.00	RMB	队/年	0.2100	华北地区	投放该媒体
市公交车车尾广告位	20 000.00	RMB	辆/年	0.1500	华北地区	投放该媒体
招商银行大厦墙体广告位	350 000.00	RMB	位/年	0.2400	华北地区	投放该媒体
石家庄火车站三面广告位	60 000.00	RMB	位/年	0.1500	华北地区	投放该媒体
京沈高速公路河北段	180 000.00	RMB	位/年	0.2000	华北地区	投放该媒体

历史户外广告购买				
媒体名称	收费单位	投放总金额(RMB)	宣传有效度	所在区域	投放时间
招商银行大厦墙体广告位	位/年	350 000.00	0.2400	华北地区	2015年

图 5-7 户外媒体投放

④网络媒体投放。网络宣传是数字经济时代的一种崭新的营销理念和营销模式，是提升企业核心竞争能力的一把金钥匙。学生在"单位数量"栏输入数据，点击"确认"即可。同样，界面下方有历史的投入记录供参考，如图 5-8 所示（实训操作与电视媒体一样）。

	媒体名称	投放的金额	货币类型	收费单位	宣传有效度	所在区域	操作
	新浪网	80 000.00	RMB	年	0.5000	华北地区	投放该媒体
	大旗网	30 000.00	RMB	年	0.1000	华北地区	投放该媒体
	互联星空网	42 000.00	RMB	年	0.1500	华北地区	投放该媒体
	新华网	40 000.00	RMB	年	0.2000	华北地区	投放该媒体
	263在线网	25 000.00	RMB	年	0.0830	华北地区	投放该媒体

历史网络媒体购买				
媒体名称	收费单位	投放总金额(RMB)	宣传有效度	所在区域	投放时间
新华网	年	40 000.00	0.2000	华北地区	2015年

图 5-8 网络媒体投放

⑤直邮媒体购买。软件提供了多种直邮方式，学生根据自己的营销宣传方案作适当的投入，如图 5-9 所示（实训操作与电视媒体一样）。

📺广告宣传 🏳区域定价 📊渠道销售 📉降价促销 🏷其他促销 📦配送发货

直邮媒体购买							
媒体名称	投放的金额	印刷费用	货币类型	收费单位	宣传有效度	所在区域	操作
直投夹页广告	1 200.00	2 000.00	RMB	500页	0.1500	华南地区	投放该媒体
网络直邮	200.00	0.00	RMB	封	0.2500	华南地区	投放该媒体
中邦快递	4 000.00	1 000.00	RMB	2 000封	0.6400	华南地区	投放该媒体
UPS快递	6 000.00	1 500.00	RMB	3 000封	0.3600	华南地区	投放该媒体
飞鸿快递	2 000.00	1 500.00	RMB	1 500封	0.2100	华南地区	投放该媒体

历史直邮媒体购买				
媒体名称	收费单位	投放总金额(RMB)	宣传有效度	所在区域	投放时间

图 5-9 直邮媒体购买

（3）区域定价。

学生可以在这里确定自己产品的价格，不同的区域会有不同档次的产品，所以价格是根据区域内产品档次的情况制定的。系统会给出不同档次产品的参考定价范围，定价高于参考范围最大值将限制后期渠道合作的完成。学生在此输入价格数目，点击"提交"，如图 5-10 所示。

图 5-10　区域定价

（4）渠道销售。

实训中提供的渠道有商场、百货店招投标及自由交易市场等销售渠道，每种销售渠道对品牌知名度、产品档次、产品价格的要求都不同，学生需要根据具体情况选择合适的渠道，软件设置的超市与商场渠道方面如图 5-11 所示。学生在此可选择不同的渠道类型进行合作，渠道销售是软件的销售方式之一，也是盈利的来源。

图 5-11　渠道销售

超市包括产品数量、价格、管理费用、品牌知名度、所在区域和产品档次。每个超市都有产品档次的要求，学生根据自己产品的实际情况，选择相应的超市合作。如果达不到要求，不能合作成功，合作之后也可以解除合作。

选择产品档次，确定想合作的超市，点击"合作"，如图 5-12 所示。如果合作失败，则根据提示完成后期工作。

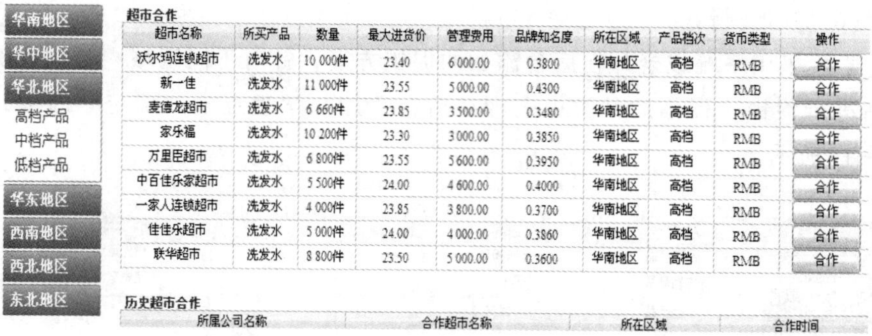

超市名称	所买产品	数量	最大进货价	管理费用	品牌知名度	所在区域	产品档次	货币类型	操作
沃尔玛连锁超市	洗发水	10 000件	23.40	6 000.00	0.3800	华南地区	高档	RMB	合作
新一佳	洗发水	11 000件	23.55	5 000.00	0.4300	华南地区	高档	RMB	合作
麦德龙超市	洗发水	6 660件	23.85	3 500.00	0.3480	华南地区	高档	RMB	合作
家乐福	洗发水	10 200件	23.30	3 000.00	0.3850	华南地区	高档	RMB	合作
万里臣超市	洗发水	6 800件	23.55	5 600.00	0.3950	华南地区	高档	RMB	合作
中百佳乐家超市	洗发水	5 500件	24.00	4 600.00	0.4000	华南地区	高档	RMB	合作
一家人连锁超市	洗发水	4 000件	23.85	3 800.00	0.3700	华南地区	高档	RMB	合作
佳佳乐超市	洗发水	5 000件	24.00	4 000.00	0.3860	华南地区	高档	RMB	合作
联华超市	洗发水	8 800件	23.50	5 000.00	0.3600	华南地区	高档	RMB	合作

所属公司名称	合作超市名称	所在区域	合作时间

图5-12　超市合作

商场包括产品数量、价格、管理费用、品牌知名度、所在区域和产品档次。每个商场都有产品档次的要求，学生根据自己产品的实际情况，选择相应的商场合作。如果达不到要求，不能合作成功，合作之后也可以解除合作。

选择产品档次，确定想合作的商场，点击“合作”，如图5-13所示。如果合作失败，则根据提示完成后期工作。

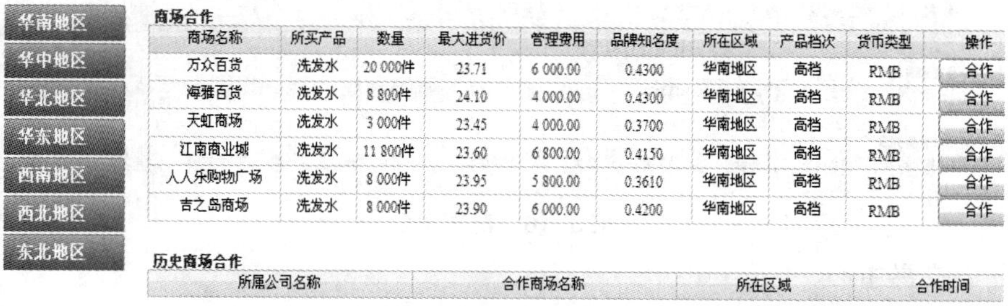

商场名称	所买产品	数量	最大进货价	管理费用	品牌知名度	所在区域	产品档次	货币类型	操作
万众百货	洗发水	20 000件	23.71	6 000.00	0.4300	华南地区	高档	RMB	合作
海雅百货	洗发水	8 800件	24.10	4 000.00	0.4300	华南地区	高档	RMB	合作
天虹商场	洗发水	3 000件	23.45	4 000.00	0.3700	华南地区	高档	RMB	合作
江南商业城	洗发水	11 800件	23.60	6 800.00	0.4150	华南地区	高档	RMB	合作
人人乐购物广场	洗发水	8 000件	23.95	5 800.00	0.3610	华南地区	高档	RMB	合作
吉之岛商场	洗发水	8 000件	23.90	6 000.00	0.4200	华南地区	高档	RMB	合作

所属公司名称	合作商场名称	所在区域	合作时间

图5-13　商场合作

（5）降价策略。

学生可以在这里确定自己产品的价格，不同的区域会有不同档次的产品，所以价格是根据区域内产品档次的情况制定的。学生在此输入降价百分比，点击“提交”，如图5-14所示。

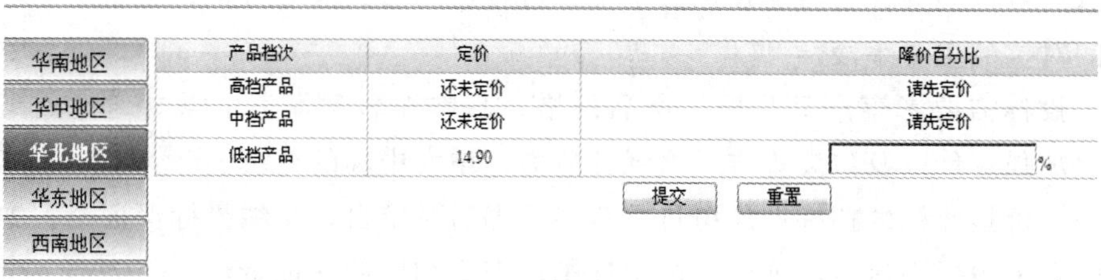

产品档次	定价	降价百分比
高档产品	还未定价	请先定价
中档产品	还未定价	请先定价
低档产品	14.90	%

图5-14　降价策略

（6）其他促销。

学生采用系统或老师在后台添加的促销方案，针对不同区域内不同档次的产品进行促销，促销的种类由老师在后台添加，学生点击"确定"即可，如图5-15所示。

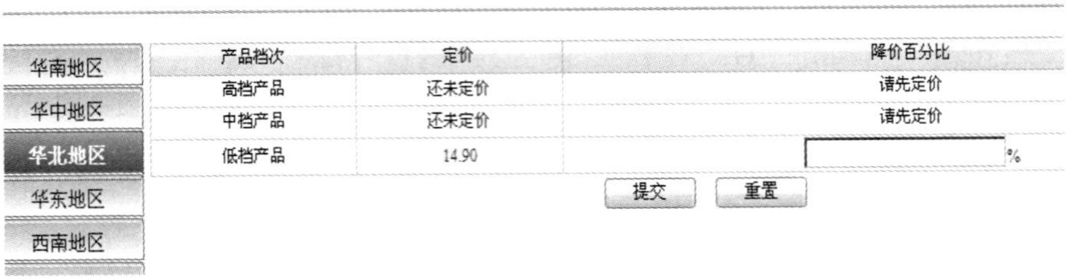

图5-15　其他促销

（7）配送发货。

显示"待发货物列表"和"历史未发货物列表"，如图5-16所示，所有销售合作的发货操作都在此模块进行，按时发货可以提高厂家信誉等级，反之则降低。

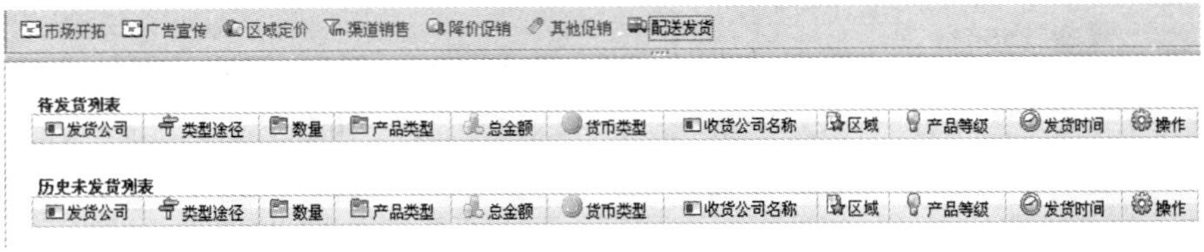

图5-16　配送发货

2.交易中心

交易中心是软件的重要模块，包括竞标采购中心、交易信息中心、交易信息管理、交易合同列表、拍卖信息发布、资产拍卖中心、拍卖信息管理。学生在此可进行自由交易，可锻炼学生商务谈判的能力。

（1）竞标采购中心。

系统内的招标信息是老师在后台根据需要及实训要求发布的，学生看到此信息后可以购买标书参加投标。学生通过投标的形式获取订单，是系统中厂商之间对抗的主要手段。

投标需要考察产品品质、产品价格、品牌知名度。学生需要通过购买技术、加强宣传以及包装等方式增强竞争力，增大中标的机会。

出价指此标的招标产品单价。购买标书后系统自动交纳投标保证金，如果开标后未中标则退还保证金，如中标则还需交纳履约保证金。

学生首先看到的是老师在后台发布的标书，学生在此进行标书的购买以及投标操作。首先，学生可点击"查看标书详情"，确定是否参与这次招标。

如果决定参加投标，点击"购买标书并投标"，输入投标价格，点击"OK"，如图5-17所示。

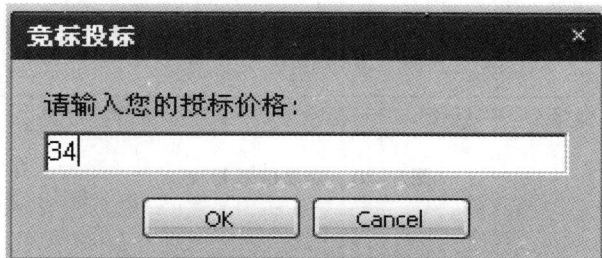

图5-17 投标价格输入

（2）交易信息中心。

交易信息中心的货物包括产品和原材料，交易性质有买和卖。学生在此发布相关信息，与其他厂商进行商务洽谈，最终签订合同，配送发货。

信息发布操作如下：点击"发布交易信息"，输入相关内容，点击"发布"即可，如图5-18所示。

图5-18 发布信息

信息发布后，会显示在交易页面，学生可点击"洽谈"与其他厂商谈判，如图5-19所示。

图5-19 交易洽谈

（3）交易信息管理。

对自己发布的买卖信息进行管理，可对信息状态加以修改，查看其他厂商的回复以及查看交易合同，如图5-20所示。

交易信息管理

物品图片	信息主题	交易性质	物品类型	产品档次	数量	价格	状态	修改状态	最新回复数	查看已签合同
图片	需要低价手机	卖	产品	低档	1 000	17.00	可用	隐藏	0帖	未签订合同
图片	急需原材料	卖	原材料	甜菜碱	10 000	2.00	可用	隐藏	0帖	未签订合同

交易信息回复

发布公司	信息主题	交易性质	物品类型	产品档次	数量	价格	最新回复数

图 5-20　交易信息管理

（4）交易合同列表。

查看要确认的合同，如果要和对方签订最终合同，点击"接受"，也可"拒绝"，如图5-21所示。

采购商品列表

信息主题	公司名称	学生名称	查看合同

销售商品列表

信息主题	公司名称	学生名称	查看合同	操作
急需原材料	活着好呀	T2	查看合同	接受　拒绝
需要低价手机	活着好呀	T2	查看合同	接受　拒绝

消息提醒

您有合同审核信息，请注意查收！

知道了　查看

图 5-21　交易合同列表

（5）拍卖信息发布。

在此可对自己的相关设备进行拍卖操作，可拍卖的物品有设备、厂房、仓库、办公室。需要注意的是，只有是购买的物品才可以拍卖，如果是租赁的，则无法拍卖。当然，为什么要拍卖，拍卖什么物品，是学生自己要考虑的问题。操作如下，点击"拍卖该物品"，如图5-22所示。

选择发布拍卖项

设备

设备列表

图片	名称	价格(RMB)	面积	每季度维护费用	每年度最大产能	残值	折旧年限	购买时间	操作
图片地址	柔性生产线	400 000.00	400	40 000.00	160 000	50 000.00	5	2010	拍卖该物品

图 5-22　拍卖信息发布

输入拍卖信息，点击"发布信息"，如图5-23所示。

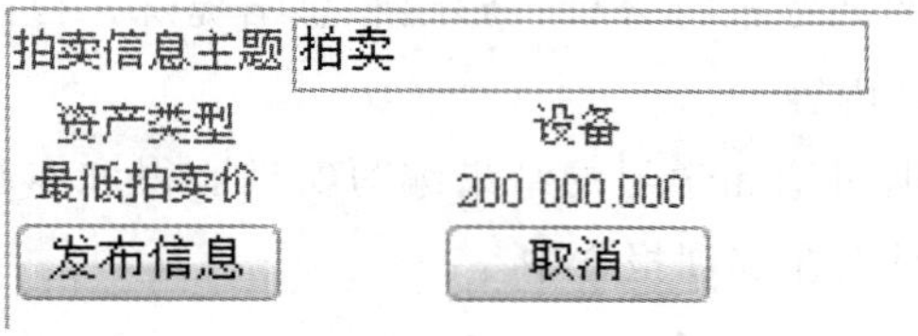

图 5-23　发布拍卖信息

（6）资产拍卖中心。

资产拍卖中心显示所有商家的拍卖信息，学生可以进行竞拍操作，如图 5-24 所示。

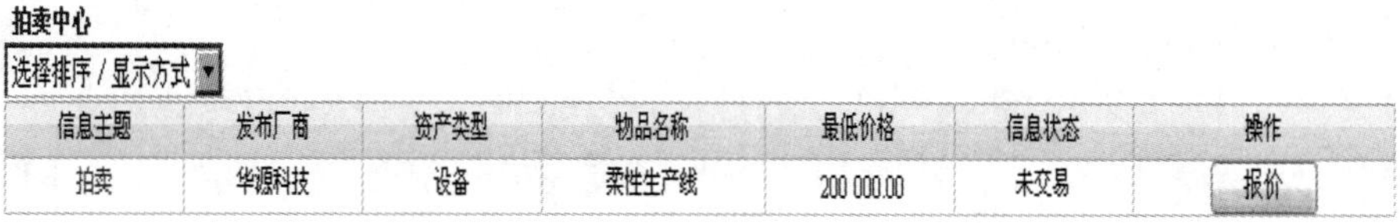

信息主题	发布厂商	资产类型	物品名称	最低价格	信息状态	操作
拍卖	华源科技	设备	柔性生产线	200 000.00	未交易	报价

图 5-24　资产拍卖中心

输入报价金额，如图 5-25 所示。

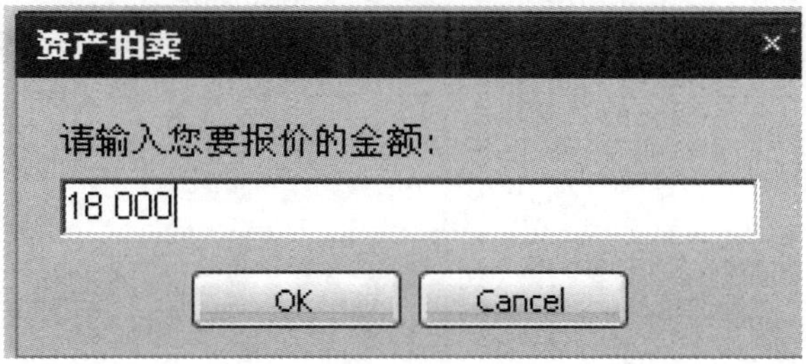

图 5-25　资产拍卖报价

（7）拍卖信息管理。

对自己发布的拍卖信息进行管理，可对信息状态加以修改，查看其他厂商的回复以及查看竞拍公司。

六、实训组织方法与步骤

1. 将学生划分为若干小组，一般 2 ~ 4 人为一组。

2. 每组学生根据课程预习内容和相关的理论书籍，结合本实训中涉及的各部分内容，熟悉市场营销的策略，并掌握招投标基本知识及操作流程。

3. 进行操作演练，调动学生思考和发言的积极性，让每组学生进行充分的分析和讨论。

4. 对每个小组的问题进行分析、归纳和总结提炼，提出整体的指导意见，帮助学生掌握本实训内容。

5. 每个小组根据讨论和学习的结果编写实训心得和本季度市场营销情况，并在整个课程结束时附在实训报告中。

实训六
学习资本运作过程

【思政园地】
推动实现国有资本市场化运作

2018 年，国务院印发了《关于推进国有资本投资、运营公司改革试点的实施意见》，其目的是提高国有资本配置和运营效率，重点发挥 3 方面作用：

（1）构建国有资本投资、运营主体，实现国有资本所有权与企业经营权的分离，实现国有资本市场化运作。由国有资本投资、运营公司以管资本的方式管理企业，不再是政府部门直接管理企业，从而有利于企业市场化主体地位的确立，有利于企业自主经营、提升效益和效率。

（2）发挥国有资本投资、运营公司平台的作用，促进国有资本合理流动，优化国有资本投向。通过这个平台，让国有资本更多地向重点行业、关键领域和优势企业集中，推动国有经济布局优化和结构调整，提高国有资本配置和运营效率，更好服务国家战略需要。

（3）更加有利于明确责任，强化监督。通过以资本为纽带进行授权，明晰政府、国有资产监管机构、国有资本投资运营公司和国有企业四者之间的关系，有利于正确处理授权经营和加强监督两者之间的关系，明确各方责任，有利于防止国有资产流失。

一、实训介绍

经营企业常常碰到现金流紧缺的问题，那么有没有方法能迅速获得资金来维持企业的正常运作呢？本实训通过贷款融资等方式让学生从中学习资本运作过程。

二、实训目的

1. 学会通过贷款融资来进行资本运作。
2. 学会通过外汇交易获得结算币种。

三、理论知识点

（一）资本运作概述

1. 资本的来源

企业资本不仅包括自有资本，而且还包括借入资本。自有资本也称权益资本，是企业资本运作的基础，是企业赖以自主经营、自负盈亏的本钱，也是企业获取借入资本的基本前提，因而企业首先必须具备一定规模的自有资本。借入资本也称负债资本或他人资本，企业合理使用借入资本，可以扩大企业的生产经营规模，提高自有资本的经营效益；但使用借入资本，必须按期还本付息，企业面临着财务风险。企业合理、巧妙地运用借入资本，既提高经营效益，又避免财务风险，乃是资本运作的艺术。

2. 资本的形态

新建立的企业，最初从各方面筹集到的资本，表现为货币资本、实物资本和无形资本等。企业投入生产经营以后，资本形态不断发生变化，例如，货币资本转化为实物资本和无形资本，实物资本和无形资本再转化为货币资本。在资本运作过程中，还会出现对外投资和应收款等形式。资本的各种形态在资产负债表的左方表现为各种资产。

3. 资本的性质

资本是货币，是商品，是物质的价值，是自行增大的价值，是可以获得利润之物，是生产要素之一。这是货币的自然属性。但资本实际上并不是资本主义特有的范畴，而是商品经济的必然产物，是企业进行生产经营活动的一个必要条件，它是客观存在的，始终寓于社会再生产的运动之中，不断地实现价值增值。但在不同的社会经济形态中，资本反映着不同性质的生产关系。这便是资本的社会属性。

资本一般具有以下特点：

（1）增值性：资本在运动中能够产生大于自身的价值，这是资本的目的所在。

（2）流动性：资本在运动中不断地改变形态，资本增值只能在运动中实现。

（3）风险性：由于外部环境变化莫测，因而资本增值具有不确定性。

（4）多样性：资本具有货币资本、实物资本和无形资本等多种形态。

4.资本运作的内涵

通过前面的论述，我们已经明确了资本就是能够带来增值的价值，因此，所谓资本运作是指以利润最大化和资本增值为目的，以价值管理为特征，将本企业的各类资本，不断地与其他企业、部门的资本进行流动与重组，实现生产要素的优化配置和产业结构的动态重组，以达到本企业自有资本不断增加这一最终目的的运作行为。

资本运作是利用市场法则，通过资本本身的技巧性运作或资本的科学运动，实现价值增值、效益增长的一种经营方式。简言之，就是利用资本市场，通过买卖企业和资产而赚钱的经营活动和以小变大、以无生有的诀窍和手段。

资本运作是以资本最大限度增值为目的，对资本及其运动所进行的运筹和经营活动。它有两层意思：第一，资本运作是市场经济条件下社会配置资源的一种重要方式，它通过资本方面的资源流动来优化社会的资源配置结构。第二，从微观上讲，资本运作是利用市场法规，通过资本本身的技巧性运作，实现资本增值、效益增长的一种运营方式。

（1）资本运作的主体可以是资本的所有者，也可以是资本所有者委托或聘任的经营者，由他们承担资本运作的责任。

（2）资本运作的对象，或是一种形态的资本，如金融资本，或是两种形态以上的资本，如运营生产资本、商品资本、房地产资本等。

（3）资本的各种形态必须投入到某一经营领域之中或投入到多个经营领域之中，即投入到某一产业或多个产业之中，才能发挥资本的功能，有效利用资本的使用价值。

（4）资本作为生产要素之一，必须同其他生产要素相互结合，优化配置，才能发挥资本的使用价值，才能创造价值。

（5）资本运作的目的是获取理想的利润，并使资本增值。

5.资本运作的内容

企业资本运作可以分为以下几个方面：

（1）资本筹措：企业进行资本运作的前提条件是要有足够数量的资本。因此，资本筹措是资本运作的首要环节。所谓资本筹措，是指企业为了满足各项经营的需要，筹措和集中所需资本的过程。企业创建时，首先必须筹集资本金；企业为了扩大生产经营规模，增添新设备，开发新产品，进行技术改造，兼并收购其他企业等，都要筹集资本，用于追加投资；企业经营不善，造成资本积压，周转不灵或销售亏损，也需筹集资本，以补充资本的不足。

企业在筹资时，首先要正确进行筹资决策。一方面，要准确确定企业经营对资本的需求量，资本过少不利于经营的顺利进行，过多会造成资本的闲置、浪费；另一方面，要正确选择筹资渠道、筹资方式和筹资时机，测算筹资成本，衡量筹资风险。筹资的目标是在防范筹资风险的前提下，从多种来源渠道，以尽可能低的资本成本，用较灵活简便的方式，及时、适量地获得企业经营所需的资本，并保持资本结构的合理性。

我国企业的筹资来源渠道，主要有国家财政资金、银行信贷资金、非银行金融机构资金、其他企业单位资金、民间资金和企业自留资金等。企业一般是在国内筹资，根据需要和可能也可以到境外筹集外资。企业可以采用吸收直接投资、发行股票、发行债券、银行借款、租赁、补偿贸易和企业内部积累等方式来筹集所需要的资本。

（2）投资决策和资本投入：投资是指将所筹集的资本投入使用，从事生产经营和资本经营活动，以达到经营目的并获得良好经营效益。在资本筹集和投入使用之前，必须正确进行投资决策。投资决策是资本运作的一个关键性环节，投资决策是否正确，直接决定着资本运作的成败。投资决策应根据企业的发展战略，寻找投资机会，确定投资方式和投资项目，对投资项目进行可行性研究，测算投资费用、投资效益和投资风险，既要尽可能地提高投资效益，又要防范和降低投资风险。

投资方向主要有实业投资、金融商品投资和产权投资等。实业投资是指以实业（工业、农业、商业等）为对象的投资，通过建立和经营企业，从事生产、流通等经营活动；金融商品投资是指为了获得收入和资本增值而购买金融商品（货币商品，如证券、票据、外汇等）的投资活动；产权投资是指以产权为对象的投资活动。所谓产权，是指法定主体建立在财产所有权基础上的、对构成企业生产经营要素的财产所拥有的占有、使用、收益和处分的权利。产权投资的主要形式有兼并和收购企业、参股、控股、租赁等。

（3）资本运动与增值：企业将筹集到的资本按投资决策投入使用，开始资本运动过程，资本在运动中实现增值。

（4）资本运作增值的分配：借入资本在运作中实现的增值，一部分以利息形式支付给贷款者，其余部分与企业自有资本运作实现的增值合并，作为企业投资者（所有者）的利润，按规定缴纳所得税，从税后利润中提取盈余公积，然后向投资者分配利润。股份有限公司除了以现金支付股利以外，还可以采用股票股利方式，即将应付普通股股利转作股本。企业还可以将盈余公积转增资本金，从而扩大资本运作的规模。

6.资本运作内容的分类

为了进一步认识资本运作的内容，我们将上述资本运作的内容从不同角度加以分类。

（1）从资本运作的过程来看，包括：

① 筹资决策和资本筹集。

② 投资决策和资本投入。

③ 资本运动过程与增值。

④ 资本运作增值的分配。

（2）从资本运作的内容和形式来看，包括：

① 实业资本运作。

② 金融资本运作。

③ 产权资本运作。

（3）从资本运作的状态来看，包括：

① 增量资本运作，指对新增投资所进行的运筹和经营活动，包括投资方向选择、投资决策、资本筹措和投资管理等。

② 存量资本运营，指对企业现有资产（以前投资形成的资产）所进行的运筹和经营活动。通过企业联合、兼并、收购、出售、资产剥离、企业分立、股份制、租赁、承包、破产等方式，促进存量资产合理流动、重组和优化配置，把存量资产盘活，充分发挥作用。例如，对某企业现有资产进行分析，可以分为三类：第一类资产现在能盈利；第二类资产现在不盈利，预测将来也不盈利；第三类资产现在没有盈利，但预测将来盈利潜力大。很明显，企业应该将第二类资产剥离出售，将所得货币投入第一类或第三类资产，从而改善企业资产结构，达到提高效益、资本增值的目的。

（4）从资本运作的方式来看，包括：

① 外部交易型资本运作。通过资本市场对资本进行交易，实现资本增值，包括股票的发行与交易、企业产权交易（如企业并购）以及企业部分资产买卖

等。例如，投资者可以用货币资本去购买某一盈利水平很高的公司的股票，实现控股；如果盈利能力下降，发展前景不好，就可将持有的该公司的股票卖出去，实现投资的转移。又如，有的企业为扩大生产经营规模，提高经济效益，可以通过产权交易兼并某一相关企业；有的企业还可以将不需要的或无效的资产卖出去，获得货币，进行新的投资。

② 内部运用型资本运作。通过对资本使用价值的有效运用，实现资本增值，就是在生产经营过程中合理而有效地运用资本，不断地开发新产品，采用新技术，努力降低资本耗费，加速资本周转，提高资本效率和效益，增加资本积累。

（5）从资本运作活动是否跨越本国国界来看，包括：

① 国内资本运作，指资本运作活动只是在本国范围之内进行，即本企业在本国筹集资本，资本在国内运用，设备和原材料在国内购买，产品在国内销售，收支在国内结算，利润在国内分配，与外国的企业、单位、个人不发生经济和财务联系。

② 国际资本运作，指资本运作活动跨越本国国界，通过国际资本市场，从国外筹集资本，向境外投资，进行跨国并购，从国外进口设备、技术和原材料，向国外销售产品，从境外投资中获得利润，与其他国家的企业、单位、个人发生经济和财务联系。

7.资本运作的目标

资本运作的目标简言之就是实现资本的保值和增值。为了实现资本最大限度的增值，企业应当追求利润最大化。

（1）利润最大化。

企业将资本投入生产经营以后，一方面发生各种耗费，另一方面获得收入，将所得收入与耗费相比，如果收入大于耗费，企业实现利润，如果收入小于耗费，则发生亏损。企业有利润，意味着资本有了增值；企业亏损，则意味着资本出现了损失。因此，企业为了使资本保值增值，就必须千方百计地增加收入，降低成本费用，实现利润最大化。

为了实现利润最大化目标，投资者总是把自己的资本投向社会最需要、利润率最高的企业、部门或产品上去，追求以最小的投入去获取最大的产出。

企业除了拥有自有资本以外，往往还使用借入资本。借入资本在投入生产经营以后，与自有资本一样发挥作用。我们不仅要考察自有资本的增值，而且要考察全部资本的增值。企业的营业收入减去成本费用（借款利息除外）和流转税等支出后，称为息税（指所得税）前利润，是企业全部资本运营所形成的增值。息税前利润除以全部资本额，就是全部资本利润率。息税前利润减去借款利息，称为税前利润，是企业自有资本运作所形成的增值。税前利润除以自有资本额，就是自有资本税前利润率（即自有资本利税率）。税前利润减去应纳所得税税额，称为税后利润，是企业自有资本运作所形成的净增值。税后利润除以自有资本额，就是自有资本税后利润率。全部资本利润率超过借入资本利息率越多，则自有资本利润率越高。企业应当合理地安排自有资本与借入资本的比例，千方百计地提高全部资本利润率，使它尽可能多地超过借入资本利息率，利用财务杠杆作用，使自有资本利润率更多地超过全部资本利润率。

在资本运作中，我们不仅要努力增加当期利润，而且要重视长期利润的增长，不仅要注意利润额的增多，而且要重视利润率的提高，因为利润的绝对额不能反映利润与投入资本额的对比关系。

（2）所有者（股东）权益最大化。

所有者权益是指投资者对企业净资产的所有权，包括实收资本、资本公积、盈余公积和未分配利润等。企业在一定时期实现的利润越多，从税后利润中提取盈余公积和向投资者分配的利润就越多。盈余公积可用于弥补企业亏损，也可用于转增资本，从而使投资者投入企业的资本增多。无论是国家、集体还是个人投资办企业，总是希望获得尽可能多的利润，尽可能多地提取盈余公积，尽可能多地分得利润，尽可能多地增加企业的资本，从而使企业所有者权益最大化。

我们可以将企业期末所有者权益总额与期初所有者权益总额进行对比，如果二者相等，为企业自有资本保值；如果前者大于后者，则为企业自有资本增值。但在比较时，应注意期末所有者权益总额中如果包含有本期非损益原因导致的资本增减额，如投资者追加的投资、资本公积中溢缴资本、接受捐赠资产和资产评估增减值等，就应在计算资本保值增值时，减去（或加上）非损益原因导致的资本增减额。我们还可以将本期所有者权益增加额（期末数大于期初数）除以期初所有者权益额，即为本期所有者权益增加率（自有资本增值率）。

（3）企业价值最大化。

在市场经济条件下，不仅可以把企业生产的产品作为商品出售，而且往往还会出现把企业作为一个整体出售、合资等情况，这时，需要对整个企业的价值进行评估，以便确定企业出售价格或合资投资价值。因此，在企业资本运作中，不仅要注意企业利润最大化和企业所有者权益最大化，而且更要重视企业价值最大化。

企业的价值或价格能否由企业的各单项资产价值加总获得呢？回答是不能，因为买入企业或合资企业的目的是通过经营企业来获取收益，因此决定企业价值的基础是企业获利能力的大小。在评价企业获利能力时，着重关注的不只是企业当期的获利，更重要的是企业未来获利潜力，即长期获利水平。企业获利能力越大，其价值就越高；反之，则价值就越低。企业获利能力与企业的各单项资产价值之和存在一定的联系。一般来说，企业的各单项资产价值之和越大，即生产规模越大，则企业的获利能力就越大。但是企业获利能力的大小，不仅取决于企业的各单项资产价值之和的大小，它还受其他因素的影响。单项资产构成完全相同的两个企业，由于其经营方式、技术力量、人员素质以及企业信誉有差异，也会使两者的利润水平产生明显差别，因而使这两个企业的价值相差很大，由此可见，企业价值与企业各单项资产价值之和存在着差别。对企业价值测算评估，就是在企业单项资产评估的基础上，根据企业获利能力大小，对企业整体价值所作的综合性评估。企业价值测算评估采用收益现值法，它是企业在连续经营情况下，将未来经营期间每年的预期收益，用适当的折现率折现，累加得出现值，据以估算企业价值。

经过评估，如果企业价值大于企业全部资产的账面价值，就说明企业的资本是增值了；反之，则是企业资本减值了。也可以将企业价值减去企业负债，然后与企业所有者权益的账面价值进行比较。前者大于后者，说明企业的自有资本增值；反之，则是企业自有资本减值。对于上市的股份有限公司，其价值可根据其股票价格来确定。公司的股票价格高低，主要决定于公司的盈利潜力。公司的盈利能力强，发展潜力大，很多投资者都购买该公司的股票，就会使其股票价格上涨；反之，则公司的股票价格下降。公司价值可根据发行在外的股票的股数乘以每股市价来计算。将用这种方法计算的公司价值与公司股东权益数进行比较，前者大于后者，说明公司的自有资本是增值了；反之，则是公司自有资本减值。

从股份有限公司来说，企业价值最大化、股东财富最大化、普通股每股价格最大化三种提法的实质是相同的。普通股每股价格最大化比企业价值最大化和股东财富最大化更简明，每股价格（市价）是公司经营好坏的晴雨表，也是投资者选择投资的指南。

企业价值是一个长期概念，企业不仅要注重当前盈利，而且更要注重长远盈利。如果企业的盈利能力大且能长期保持，企业发展前景好，则该企业的价值就会有较大的增加潜力。因此，追求企业价值增加，必须克服短期化行为，企业不仅要抓好当前的有效措施，而且要有正确的长远发展战略，追求投资的高效益和筹资的低成本，注意选择合理的资本结构，注重对产品寿命周期、市场变化和技术进步的预测与研究，适应市场需要搞好产品更新换代，有计划地进行技术改造，不断地降低成本费用，提高经济效益，保持企业长期的盈利能力。

上面所说的利润最大化、所有者权益最大化和企业价值最大化三者是一致的。只有实现利润最大化，才能实现所有者权益最大化，才能实现企业价值最大化。比较起来，企业价值最大化具有全面性，因为企业价值是根据企业未来各期的预期收益和考虑了风险报酬率的折现率（资本成本）来计算的，既考虑了货币时间价值，又考虑了投资的风险价值。利润最大化和所有者权益最大化两种目标比较易于衡量，而企业价值最大化目标的衡量则比较复杂。

（二）资本运作的主体与市场环境

1.资本运作的主体

企业是国民经济中独立的基本经济组织，企业是资本的载体，企业是市场的经营主体，因此，我们认为资本运作的主体是企业。

2.资本运作与市场体系

资本运作是市场经济的范畴。市场经济是一部复杂的、精良的机器，它通过价格和市场体系对个人和企业的各种经济活动进行协调。市场是买者和卖者相互作用，并共同决定商品或劳务的价格和交易数量的机制。在市场经济条件下，市场机制对社会资源（其中包括资本）的配置起基础性作用。市场是企业进行资本运作的客观环境，完善的市场体系是企业有效地开展资本运作的基本条件。

在本次实训中，系统为学生提供了贷款融资的途径。贷款融资包括短期贷款、长期贷款、系统贷款、民间融资。

短期借款是企业向银行或其他金融机构等借入的期限在一年以下（含一年）的各种借款。我国目前的短期借款按照目的和用途分为若干种，主要有流动资金借款、临时借款、结算借款等。按照借款方式的不同，短期借款还可以分为保证借款、抵押借款、质押借款、信用借款。短期借款的优点是利率比较低，资金供给和偿还比较稳定；缺点是不能满足企业长期资金的需要，同时，由于短期借款采用固定利率，企业的利益可能会受利率波动的影响。

长期借款是指企业向银行或其他金融机构借入的期限在一年以上（不含一年）或超过一年的一个营业周期以上的各项借款。长期借款主要包括固定资产投资借款、更新改造借款、科研开发借款等。固定资产投资借款主要用于固定资产的新建、改建、扩建等基本建设项目；更新改造借款主要用于企业对原有设备进行更新或技术改造；科研开发借款主要用于企业根据国家规定的任务采用新技术，研究、开发新产品。

系统贷款指在实训中向系统发出的贷款。

民间融资则是本企业与其他企业之间通过协商确定的借款方式。

在本次实训中，资本运作主要包括直接投资、资产并购、外来投资请求和投资记录。下面我们将对直接投资和资产并购分别作简要说明。在具体实训过程中，我们必须对外来投资请求作出自己的分析，选择适合本企业的投资运作方式，采取直接投资或资产并购措施。另外要注意，在实训过程中需认真做好投资记录，包括投资公司的名称、投资金额、股份数以及状态等内容，以便于对企业资产进行管理。

（三）直接投资概述

1.投资的意义

投资最初是指资本所有者为追求资本增值而放弃当前的消费，将资本投入生产过程的行为。当生产和资本增值主要以企业的形式而展开时，投资成为企业这一市场主体和资本所有者的共同行为，而且企业的投资是资本所有者投资行为的延续，它在投资的动机、目标、决策模式上和资本所有者的投资行为具有一致性。

企业投资是指企业为获取所筹集资本的增值，而将资本投放到特定的项目中，以经营某项事业的经营行为。它包括厂房、机器设备的新建、改建、扩建和购置等活动，也包括购买股票、债券和以联营方式向其他单位投入资本等活动。

投资决策的正确与否关系到企业的兴衰存亡，对企业的生存和发展以及资本的保值具有决定性作用，具体表现为：首先，投资是维持企业生产经营的重要手段，企业为组织生产经营就必须具有一定数量和质量的劳动资料、劳动对象和劳动力，而生产经营表现为三者的有机结合，而在市场经济条件下，获取这些生产要素，就必须依靠交易进行资本投放而获取；其次，企业投资是调整现有生产能力和结构、开发新产品、寻求新的经济和效益增长点的手段；最后，在我国当前情况下，以企业为主体的投资是实现资本重组和企业重组、调整产业结构、实现存量资本流动、推动国有资产管理体制改革和企业内部治理结构完善的重要手段。长期以来的计划经济，使得投资主要是一种政府行为，企业缺乏自主投资的动力和机制，形成了国有资本布局结构中的突出矛盾：一是有限的国有资本分布过散，严重损害现有国有企业的竞争能力和国民经济的整体效益；二是国有经济的行业分布结构与市场经济下国家应有的功能严重错位，在国有资本大量分布于一般性工商业的同时，许多政府必须办的事情却因为没有资金而无力去办。在资本运营中强调企业为主体的自主投资，推动企业间的相互投资，才能实现存量资本的流动和重组，实现国有经济的战略性改组。因此，企业投资是资本运作的重要环节，是寻求资本保值和增值的关键。

2. 企业投资的分类

企业投资可以从不同角度加以分类，分类的目的在于寻求不同类型投资的特点和规律，以便于更好地作出投资决策。

（1）按投资的性质划分，可以分为实业资本投放、证券投资和产权资本投放。

实业资本投放是指将资本投放于特定的经营项目，以形成满足生产要求的生产能力。如建造厂房、购置机器设备、技术改造等劳动资料的投资；购置原材料、燃料、动力等的劳动对象的投资；职工的培训、教育、职业训练等的劳动力的投资等。

证券投资是指将资本投放于各种债券、股票、基金等有价证券，以获取收益或控制效应等。对于一个生产企业来说，证券投资有助于增加收益和拓展生存与发展的空间。

产权资本投放是指以产权为对象的投资。实业投资的投资要素是劳动力、生产资料、技术和信息等，证券投资的对象是各种有价证券，产权投资则是以实业投资要素的部分或整体集合为投资要素。产权投资的主要形式有兼并、收购、参股、控股等。

（2）按投资回收期的长短划分，可以分为长期投资和短期投资。

长期和短期的界定只是相对的，关键的差异在于其性质和目的。长期投资一般指不能够或不打算随时变现的投资，它包括固定资产投资和长期有价证券投资以及联营投资；而短期投资一般指具有高流动性，其目的在于充分利用闲置资金以创造更多的收益的投资，通常包括短期证券投资。

（3）按投资风险程度划分，可以分为确定性投资和风险性投资。

任何投资都会有风险，差别仅在于风险的大小和可控程度。确定性投资是指风险较小，未来收益可以准确预测的投资，这类投资在决策时可以不考虑风险；风险性投资是指风险较大，未来收益难以准确估计的投资，在进行决策时，应注重风险的研究，并采用相应的方法加以防范，以作出正确的决策。

（4）按投资发生作用的地点和资本增值的方式划分，可以分为对内投资和对外投资。

企业占有的资本的增值渠道不外乎通过内部的生产经营而获取利润和让渡资金的使用权而获取租金、利息、股利等两种方式。从投资来说，则可以划分为对内投资和对外投资。企业对内投资是指把资金投入到企业内部的生产要素，以形成生产能力；对外投资则是指将资本投入到企业外部的债券、股票或其他企业等，其目的是获利或控制其他企业的经营。

3.企业投资的基本原则

投资对企业的资本保值和增值具有重大影响，优化投资决策必须遵循一定的原则：

（1）利益兼顾原则。

企业作为整个国民经济的细胞，企业的持续发展是一国经济持续发展的前提。而从经济的角度来说，任何经营行为都具有外部性，外部性具有正、负两方面的效应：从正的效应来说，有增加就业、带动相关产业的繁荣等；从负的效应来说，有污染、生态破坏、非理性竞争等。因此，企业在作出投资决策时，应注重外部性的研究，注重企业利益服从社会利益，局部利益服从全局利益，眼前利益服从长远利益。

（2）兼顾外延和内涵两种扩大再生产方式。

外延扩大再生产是指增加人力、设备的投入，新增生产能力以扩大生产规模；内涵扩大再生产是指挖掘企业自身现有的生产能力，在不增加人力、物力、财力投入的情况下，提高生产能力和效益水平。外延扩大再生产主要以扩建和新上项目为主，内涵扩大再生产主要通过技术改造和更新来完成。在我国当前资金紧张的情况下，企业应注重内部挖潜、苦练内功，以效益促发展，以效益求生存，注重内涵扩大再生产。

（3）结构优化和配套原则。

任何生产能力的正常发挥，必然要求劳动资料、劳动对象和劳动力的有机结合和相互适应。如果技术水平极高，而工人的生产素质和技能达不到要求，生产肯定是不能正常进行的。这在客观上就要求资本的投入在三者之间合理分配。如果结构失衡，必然会影响效益的发挥。

（4）适度多元化经营的原则。

按照投资组合理论，多样化投资可以分散和降低经营风险，从而稳定收益水平。然而如果把资本作为一种稀缺性资源来看，资本的增值又会受到规模经济效应的约束，在一定时期内企业所能筹集和运用的资本是有限的，这就决定了企业投资应以一业为主，在满足基本经营的资本需求之后，在资本充裕的条件下，再注重多角化经营，以降低风险。此外，多角化经营要求更高的管理水平和运筹能力与之相适应，在企业的管理水平未提高到一定程度时，盲目多角化经营，不仅不会得到分散风险的效应，反而会影响企业的正常经营和获利。

（5）以人为本的投资原则。

人是各生产要素中最活跃和能动的因素，只有注重人才的投资和储备才能使企业的资本增值有充分的保障。这要求企业在投资过程中，不仅要注重生产性的投资，更应注重对人的教育培训，提高全员素质，激励员工的创造性和积极性，时刻以人为本是投资中应注重的一个重要原则。

（6）企业自主投资原则。

由于计划经济的影响，企业的投资自主权一直没有落到实处，在社会主义市场经济条件下，投资的主体应是企业，强化企业的投资自主决策权尤为重要。

（四）企业并购概述

1.企业并购的内涵

在今天，无论是国外还是国内，产权变动和交易都十分活跃。从企业产权变动来说，其形式是多种多样的，如兼并、收购等聚变型产权变动；剥离、出售、分立等裂变型产权变动；交换发盘、股票回购等股东结构变动型产权变动，这种变动可以被称为内变型产权变动。因此可以说，聚变、裂变、内变是企业产权变动的三种最基本类型。无论哪一种形式的产权变动都是为了更大限度地满足资本增值的需要。

兼并作为聚变型企业产权变动的一种形式，由来已久，通常有两个层次含义：从狭义上讲，兼并是指一家企业以现金、有价证券或其他形式（如承担债务）有偿取得其他企业的资产或所有权，使被兼并的企业丧失法人资格，并取得对这些企业经营决策控制权的经济行为。从广义上讲，兼并相当于我国《公司法》中企业合并的概念，它包括吸收合并和新设合并两种形式：吸收合并是指两个以上的企业经过一定程度联合、合并后，其中一个保持其原有法人地位，继续存在，而其他企业不保留法人地位，宣布解散；新设合并是两个或两个以上企业经过协商后，都放弃原有的法人地位，宣布解散，然后联合组成一个具有新的法人地位的企业。

收购是指一家公司对其他公司资产或股份的购买行为，目的在于取得对其他公司的控制权。它有收购股权和收购资产两种形式：前者是指购买一家公司的股份，收购方将成为被收购方的股东，拥有股东权利；后者仅仅是一般的资产买卖行为。一般来说，收购股权不以收购目标企业的全部股权为限，只需占有优势股份就可以对被收购方实施控制。这也说明，收购行为并不一定导致被收购企业的解体，但由于收购方控制权的存在，在实质上，收购结束后，收购方和被收购方将按统一意志行动。

综上所述，兼并与收购的共同点都是最终形成一个经济联合体，但兼并是由两个或两个以上单位形成一个新的实体，而收购则是将被收购方纳入收购方公司体系之中，但在实际中，很少有被收购方进入收购公司体系后不发生重大结构改变的，所以在此把收购和兼并均作为资本集中的方式，简称为并购。

企业并购具有如下特点：

（1）并购是一种具有独立法人资格的企业的经济行为，是企业对市场竞争的反应，是由资本追求增值的本质决定的，是一种市场行为，而不是政府行为。

（2）并购是一种有偿的交易，而不是无偿的调拨。

（3）并购的结果会导致资本的集中，并使资本在统一控制下联合行动。

2.企业并购的类型

并购的形式是多种多样的，按照不同的分类标准，可以将并购划分为多种类型。

（1）按并购双方所在行业来分。

① 横向并购。这是指企业对生产同一种商品的其他企业进行并购。其结果会使资本在同一生产领域或部门集中，有利于扩大生产规模，减少竞争。

② 纵向并购。这是指企业对与其生产经营相关的原材料、零部件供应、

销售厂商等的并购。其结果会导致某一产品、劳务生产的产、供、销一体化。

③ 混合并购。这是指企业对与其供、产、销均无直接关系的其他企业的并购。

（2）按并购的具体运作方式来分。

① 承担债务式并购。这是指并购方以承担被并购方全部债务为条件，取得被并购方的资产所有权和经营权，从而达到并购目的。

② 购买式并购。这是指并购方出资购买被并购方的资产，该方式一般以支付现金为购买条件，将目标企业的整体产权买断，并购后被并购企业的法人主体地位消失。

③ 吸收股份式并购。这是指被并购企业的所有者将其净资产评估作价后以股金的形式投入兼并企业，成为并购企业的股东。

④ 控股式并购。这是指一个企业通过购买其他企业的股权，达到控股的目的，实现兼并。被并购企业作为经济实体仍然存在，具有法人资格，但要被改造成股份制企业，兼并企业作为被兼并企业新的股东，对被兼并企业的原有债务不负有连带责任，其风险责任仅以控股出资的股金为限，这种兼并不是以现金或债务的转移作为交易的必要条件，而是以所占企业股份份额为主要特征，以达到控股的目的，实现对被并购企业的产权占有。

⑤ 托管式并购。先将一些效益差的中小企业委托给搞得好的大企业来经营，由其提供技术和管理，利用优势企业的综合优势使被托管企业走出困境，待时机成熟后再进行并购。

⑥ 破产式并购。对于一些债务沉重的企业，倘若简单地由优势企业实施兼并，可能会影响优势企业的继续发展，可以先按照法律办理破产清理，解除其包袱，再由优势企业整体收购其资产。

⑦ 经理层融资收购。管理层通过融资购买目标公司的股权，改变公司所有者结构，并实际控制该公司。由于管理层收购能促进法人治理结构的完善，提高企业的经营效率，在西方曾是风行一时的并购方式。

（3）按并购是否取得目标企业的同意与合作来分。

① 友好并购，又称善意并购，是指被并购企业同意收购方提出的并购条件，并承诺给予协助，双方的高层领导者通过协定决定并购中的具体安排，如支付方式、价位、人事安排、资产处置等。这种方式由于有双方合作的基础，故而成功率较高。

② 敌意并购，也称强制型并购，是指并购方不顾被并购方的意愿而采取非协商性购买的手段，强行收购对方公司。对此被并购方可能采取一些反兼并措施阻挠。这种方式常由于对方反兼并措施的存在而使并购成本过高而失败。

3. 企业并购的原则

并购从微观上说是资本集中的客观要求，是竞争机制发挥作用的必然结果；从宏观角度讲，并购是优化产业结构与资源配置的重要内容。因此，企业并购既要遵循市场规律，又要满足社会经济发展的需要。企业并购应遵循如下原则：

（1）效益原则。

在企业并购中，效益问题是头等重要的问题。一切应以效益为中心，但这并不等于仅考虑企业的经济效益。由于并购对企业和社会经济的发展均有重大影响，在并购中，企业应兼顾社会效益与企业效益，兼顾经济效益与非经济效益，兼顾短期效益与长期效益；必须从企业生存和发展的长期观点出发，将企业纳入社会经济的长期发展中去评价并购的效益问题。

（2）自愿、互利与有偿的原则。

并购是资本运动的客观要求，是资本占有主体的自愿行为，在法人企业间的并购则是资本占有群体的行为，它应该在自愿、互利的原则指导下，在竞争过程中实现优胜劣汰。此外，并购作为一种交易，它涉及资本权利的变动，必然影响不同资本占有主体的利益。如果把资本作为商品来看待，并购必须遵循商品交易的一般规则，即有偿原则。只有在自愿、互利和有偿的基础上进行的并购才能使并购行为的发生有一个合作的基础，为并购后企业的长期发展提供一个坚实的保障。

（3）稳健原则。

并购把两个或多个企业组合在一起，并购各方能否形成协同效应，能否互补互利，将决定它们的命运和发展前程。而在并购的过程中，这一切都是不确定的，存在极大的风险。无论并购对象的选择、并购中的谈判，还是并购后的整合与重组都有可能受到限制和挫折，使并购失败。因此，在企业并购中应当避免草率行事，力求使并购建立在科学分析、预测和决策的基础上，使并购稳妥进行。

（4）市场机制和宏观调控相结合的原则。

并购作为一种经济行为，应该在自愿的基础上，由市场机制发挥基础性作用。从兼并对象的选择，到并购的条件、并购形式的确定都应遵循市场规律。但这并不是说不要政府的调控，关键在于二者如何分工与协作的问题。由于市场机制和政府的全面干预均有缺陷，在我国当前市场体系尚不完善的情况下，在并购中将市场机制和政府的调控相结合更为重要。其中，政府的调控在于制定合理的国民经济发展战略和产业政策；健全法律、法规；以政府的力量对兼并行为进行规范，打破企业间的行业封锁、地区封锁；建立健全市场体系和社会服务、中介组织，以使企业并购有法可依、有章可循，使并购的发生有一个公平、公正、有序的外界环境。

（5）以人为本的原则。

并购的效益来自人对资本的有效管理，无论是并购的发生还是并购后的整合都需要人的参与，并购的效益是建立在全体员工通力合作基础上的。因此，并购过程中应充分调动各方人员的积极性，注重以人为本的原则，做好职工的思想工作。

四、实训条件

1. 实训时间：4～6课时/40人。
2. 实训地点：多媒体实验室。

五、实训内容（任务）与要求

企业需要大量的资金来维持正常运作，而老师在后台所给予的总资本是有限的，当经营到一定阶段的时候，企业可能会出现现金流问题，这个时候学生就必须通过一定的手段来获得资金以确保公司的运作。系统为学生提供了贷款融资的途径。贷款融资包括短期贷款、长期贷款、系统贷款、民间融资。

资本运作模块是学生获得更多流动资本的重要途径，在资金周转发生困难时可以通过贷款来缓解，但是贷款的前提是以固定资产作抵押，所以学生在购建公司、厂房、仓库时如果采用租用方式则不可以进行贷款。

本模块主要包括外汇交易、短期贷款、长期贷款、银行贴现、民间融资、借入情况、借出情况和偿还欠款等内容。

1. 外汇交易

软件提供不同的币种，学生可根据货币交易类型，按照当前的汇率进行外汇交易，而汇率由老师在后台设定。如果购买原材料的交易货币是欧元，则需要把其他币种兑换成欧元，用什么币种兑换，需要学生自己考虑。如果某币种使用较少，学生可以把此币种兑换成常用交易货币，这样可以带来更多的流动资金。系统默认多数交易货币为人民币。在实训时，老师可在后台作适当调整。选择要兑换的币种，输入金额，点击"兑换"，如图6-1所示。

图6-1　外汇交易

2.资金的筹集情况

（1）长短期贷款。

两种贷款方式的区别在于还款的期限不同，以长期贷款为例：系统会自动计算当前可贷款的金额以及贷款可抵押资产列表。学生在此输入要贷款的金额，点击"贷款"即可，如图6-2所示。

图6-2　长短期贷款

（2）民间融资。

民间融资是系统为更真实模拟现实企业运营而设置的，学生之间可互相借贷，并且利率由学生之间自由协商决定。借款成功后，账款会及时转入借款者账户，根据系统设置的一年还款期进行还款。如果一年期限过后没有及时还款，系统会自动根据后台设置的参数进行判断，降低其信用等级。

系统显示系统中的学生数量和资本情况，可对某个学生进行贷款。有借款需求的学生可获悉对方的贷款信息，如果同意该利率，可直接同意；如果不同意，可点击"修改利率"，如图6-3所示。

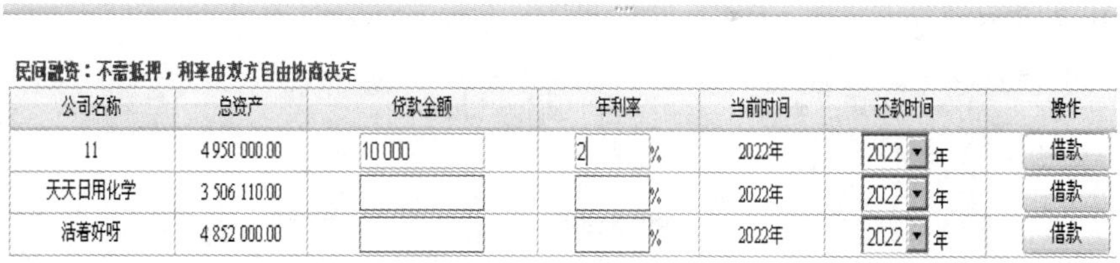

民间融资：不需抵押，利率由双方自由协商决定

公司名称	总资产	贷款金额	年利率	当前时间	还款时间	操作
11	4 950 000.00	10 000	2 %	2022年	2022 年	借款
天天日用化学	3 506 110.00		%	2022年	2022 年	借款
活着好呀	4 852 000.00		%	2022年	2022 年	借款

图6-3　民间融资

（3）银行贴现。

软件中的银行贴现仅针对招投标模块。在招投标中，老师可以在后台设置付款方式，如果付款方式是银行贴现，那么中标公司在本模块会显示汇票的详细信息，如图6-4所示。

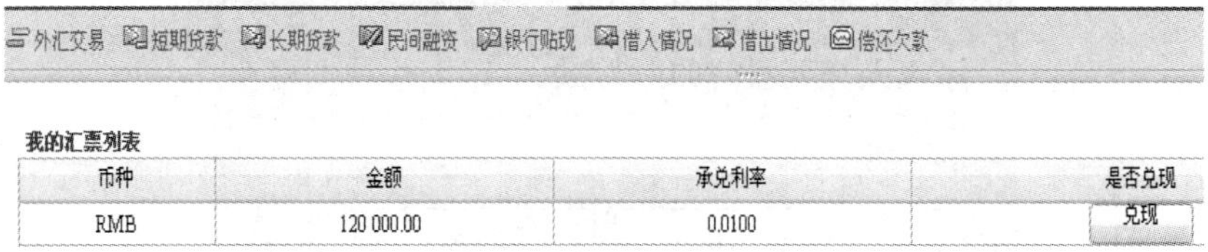

我的汇票列表

币种	金额	承兑利率	是否兑现
RMB	120 000.00	0.0100	兑现

图6-4　银行贴现

（4）借入借出情况。

显示学生的贷款项目以及通过民间融资的借出项目，如图6-5所示。

借入情况列表

借款公司	负债类型	金额	年利率	借款时间	还款时间	操作

图6-5　借入借出情况

（5）偿还欠款。

显示欠款记录，在此可以对不同的欠款类型进行偿还操作，如图6-6所示。

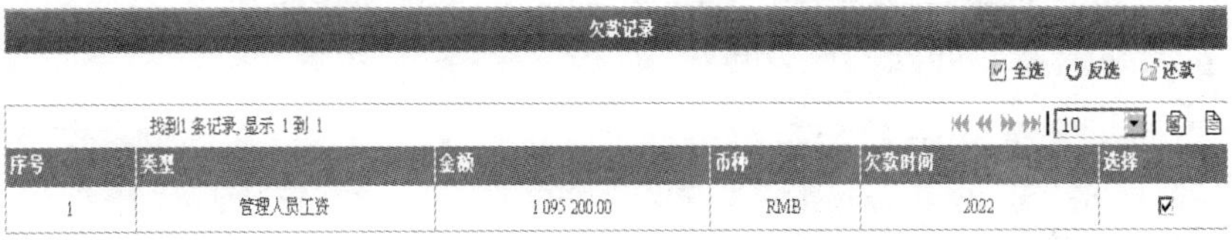

欠款记录

☑全选　↻反选　☑还款

找到1条记录，显示1到1　　　◄◄ ◄ ► ►►｜10　▾｜ 🖼 📄

序号	类型	金额	币种	欠款时间	选择
1	管理人员工资	1 095 200.00	RMB	2022	☑

图6-6　偿还欠款

3.资本运作

资本运作包括直接投资、资产并购、外来投资请求和投资记录。

（1）直接投资。

学生在此以股份额的形式，对其他厂商进行投资，拥有其他公司的股份，如图 6-7 所示。

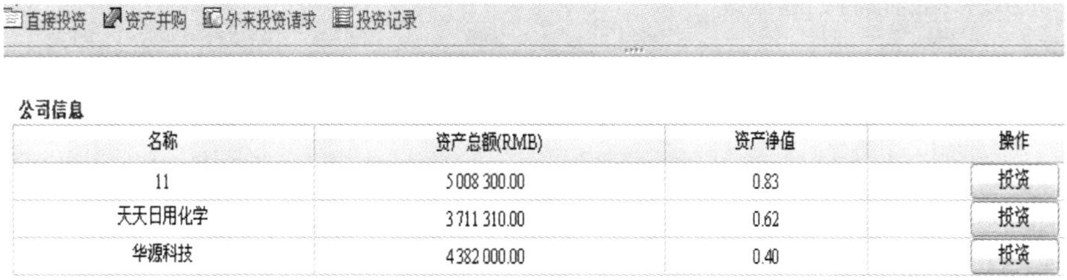
直接投资
资产并购
外来投资请求
投资记录
公司信息
名称
资产总额(RMB)
资产净值
操作
11
5 008 300.00
0.83
投资
天天日用化学
3 711 310.00
0.62
投资
华源科技
4 382 000.00
0.40
投资

图 6-7　直接投资

点击“投资”按钮，输入股份额，点击“OK”，如图 6-8 所示。

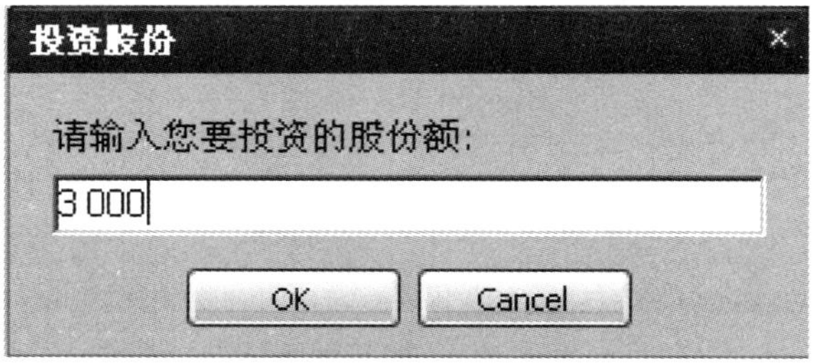
投资股份
请输入您要投资的股份额:
3 000
OK
Cancel

图 6-8　投资股份输入

（2）资产并购。

此模块显示已经破产的公司，其他公司可以对破产公司进行收购，软件会显示破产公司的相关设备，点击“收购该设备”，完成收购操作，如图 6-9 所示。

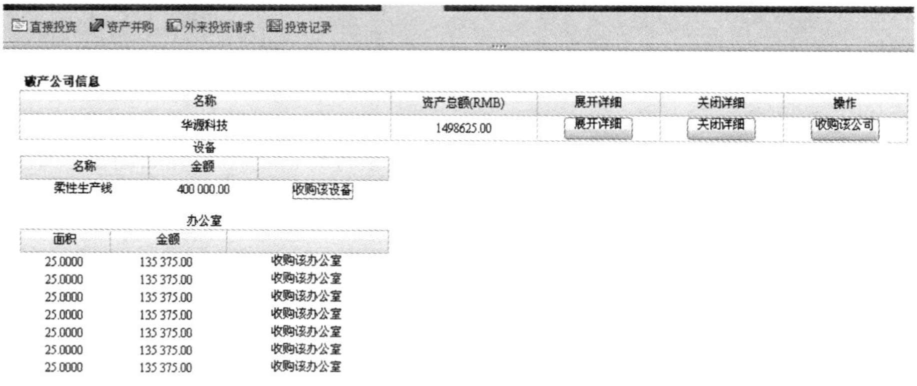
直接投资
资产并购
外来投资请求
投资记录
破产公司信息
名称
资产总额(RMB)
展开详细
关闭详细
操作
华源科技
1498625.00
展开详细
关闭详细
收购该公司
设备
名称
金额
柔性生产线
400 000.00
收购该设备
办公室
面积
金额
25.0000
135 375.00
收购该办公室
25.0000
135 375.00
收购该办公室
25.0000
135 375.00
收购该办公室
25.0000
135 375.00
收购该办公室
25.0000
135 375.00
收购该办公室
25.0000
135 375.00
收购该办公室
25.0000
135 375.00
收购该办公室

图 6-9　资产并购

（3）外来投资请求。

对外来的投资，在此进行接受或拒绝操作，如图6-10所示。

外来投资公司信息

名称	投资金额	股份数	状态	操作

图6-10 外来投资请求

（4）投资记录。

显示投资公司的信息，包括投资公司的名称、投资金额、股份数以及状态，如图6-11所示。

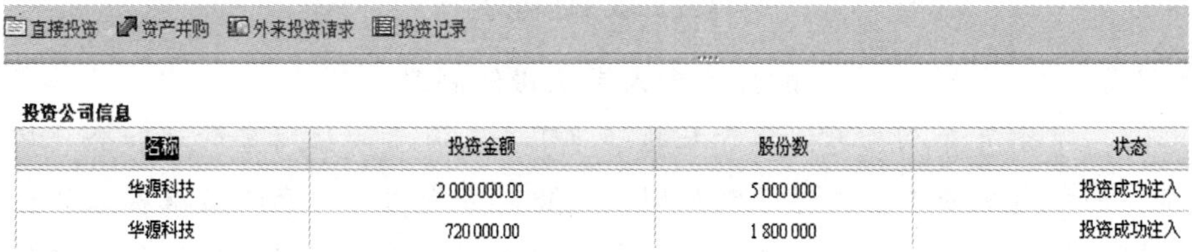

投资公司信息

名称	投资金额	股份数	状态
华源科技	2 000 000.00	5 000 000	投资成功注入
华源科技	720 000.00	1 800 000	投资成功注入

图6-11 投资记录

六、实训组织方法与步骤

1. 将学生划分为若干小组，一般2~4人为一组。

2. 每组学生根据课程预习内容和相关的理论书籍，结合本实训中涉及的各部分内容掌握资金的筹集与资本的运作。

3. 进行操作演练，调动学生思考和发言的积极性，让每组学生进行充分的分析和讨论。

4. 对每个小组的问题进行分析、归纳和总结提炼，提出整体的指导意见，帮助学生掌握本实训内容。

5. 每个小组根据讨论和学习的结果编写实训心得和本季度资金的运作情况，并在整个课程结束时附在实训报告中。

实训七

财务分析

财务负责人岗位责任制度

（1）财务负责人在单位负责人的领导下全面负责单位财务管理和会计核算工作。根据岗位分工、内部牵制原则，提出财会岗位设置和人员配备方案；负责组织软件系统运行环境的建立，确定操作使用人员，并对操作人员的权限作出规定；负责会计信息化日常工作管理，协调各信息化岗位的工作关系，经常检查计算机输出账表、凭证数据的正确性和及时性；在系统发生故障时，及时组织有关人员尽快恢复系统的正常运行。

（2）认真贯彻国家的财经方针政策、法律、法规，严格遵循财经纪律和各项规章制度。对本单位的财务会计制度进行督促检查，发现问题，及时纠正，如发现重大问题，应及时向单位负责人或上级主管部门报告。

（3）根据本单位的发展规划、业务工作计划和上级下达的各项控制指标，按年度编制各类财务计划、预算，并组织实施。同时加强预算分析，及时提供信息，调整预算，加强业务收支管理。

（4）运用会计资料，采用科学方法，进行经济预测，找出管理中的漏洞和不足之处，提出改进意见和措施，充分挖掘增收节支的潜力，为领导决策当好参谋。

（5）依法实行会计监督。组织对单位各经济活动部门进行定期或不定期的检查和业务指导，对发现的违反财经法规的行为及时制止和纠正，对问题重大的及时向单位负责人和有关部门报告。

（6）组织和督促财会人员学习政治理论和会计业务知识，遵守职业道德，不断提高会计人员的政治思想素质和业务水平，并对所属人员按照各自的岗位职责进行检查考核，奖惩分明，公正处事，促使财务管理和会计核算工作规范化、制度化。

一、实训介绍

财务分析是运用会计报表数据及其他财务资料，对企业过去的财务状况和经营成果进行评价和剖析，为企业的利益相关方了解企业过去、评价现状、预测未来、作出决策提供准确的信息和依据。

二、实训目的

1. 熟悉基本财务报表格式和内容，掌握企业资金运作和运营决策的方法。

2. 熟悉基本财务比率的计算和分析，学会运用比率分析进行企业外部和内部比较分析，以判断企业在行业中的状况及自身的变化趋势。

三、理论知识点

财务报表分析的方法主要包括趋势分析法、比率分析法和因素分析法。趋势分析法是通过对比两期或连续数期财务报告中的相同指标，确定其增减变化的方向和幅度，分析企业财务状况、经营成果和现金流量的变动趋势。比率分析法是通过计算各种比率来确定经济活动变动程度的分析方法，它是财务分析最基本、最重要的方法。因素分析法是根据分析指标与其驱动因素之间的关系，从数量上确定各因素对分析指标的影响方向和程度的分析方法。

财务比率分析是比率分析法在财务分析中的具体运用，单纯的财务比率只是反映企业经营的结果，无法对其进行价值判断。要进行价值判断，还需对财务比率进行比较分析。财务比率分析可以考察企业偿债能力、营运能力、盈利能力、发展能力等状况。

（一）偿债能力分析

偿债能力主要反映企业偿还到期债务的能力。债务一般按到期时间分为短期债务和长期债务，因而偿债能力也有短期和长期偿债能力。常用的偿债能力指标主要包括资产负债率、流动比率、速动比率三个指标。

1.资产负债率

资产负债率是企业总负债与总资产之比，其既能反映企业利用债权人提供的资金进行经营活动的能力，也能反映企业经营风险的程度，是综合反映企业长期偿债能力的重要指标。其计算公式为：

$$资产负债率=\frac{总负债}{总资产}\times100\%$$

从债权人角度看，资产负债率越低，说明企业偿债能力越强，债权人的权益就越有保障。资产负债率越高，企业财务风险越大。一般来说，该指标为50%比较合适，有利于风险与收益的平衡。

2. 流动比率

流动比率是企业流动资产与流动负债的比率，主要反映企业的短期偿债能力。其计算公式为：

$$流动比率=\frac{流动资产}{流动负债}\times100\%$$

流动比率体现企业偿还短期债务的能力。流动资产越多，短期债务越少，则流动比率越大，企业的短期偿债能力越强。当然流动比率过高，则要检查是否存在企业资产结构不合理或资金运用不及时等问题。通常认为生产性企业合理的流动比率为2，过低则可能面临财务风险。

3. 速动比率

速动比率是指企业的速动资产与流动负债的比率，反映企业短期偿债能力。速动资产是指能够迅速变现为货币资金的各类流动资产，通常为流动资产扣除存货后的资产。其计算公式为：

$$速动比率=\frac{速动资产}{流动负债}\times100\%$$

速动比率比流动比率更能体现企业偿还短期债务的能力。因为流动资产中，尚包括变现速度较慢且可能已贬值的存货，因此将流动资产扣除存货再与流动负债对比，以衡量企业的短期偿债能力。通常认为速动比率大于1说明企业有偿债能力，小于1则说明企业偿债能力不强。

（二）营运能力分析

营运能力主要指企业营运资产的效率与效益，其实质就是要以尽可能少的资产占用、尽可能短的时间，周转尽可能多的产品，实现尽可能多的销售收入，创造尽可能多的纯收入。常用的指标有总资产周转率、流动资产周转率、存货周转率、应收账款周转率等。

1. 总资产周转率

总资产周转率是指企业在一定时期内主营业务收入与资产总额的比率。其计算公式为：

$$总资产周转率 = \frac{主营业务收入}{资产总额} \times 100\%$$

其中，资产总额一般取期初资产总额和期末资产总额的平均值计算。总资产周转率表示一年中总资产周转的次数，周转率越高，反映企业销售能力越强。

2.流动资产周转率

流动资产周转率是指企业在一定时期内销售收入与平均流动资产总额之间的比率，通常用周转次数和周转天数来表示。其计算公式为：

$$流动资产周转次数 = \frac{销售收入}{流动资产均值}$$

$$流动资产周转天数 = \frac{计算期天数(360)}{流动资产周转次数}$$

流动资产周转率反映流动资产的周转速度，周转速度越快，越会相对节约流动资产，相当于扩大资产的投入，增强企业的盈利能力；而延缓周转速度，需补充流动资产参加周转，形成资产的浪费，降低企业的盈利能力。流动资产周转率要结合存货、应收账款一并进行分析，和反映盈利能力的指标结合在一起使用，可全面评价企业的盈利能力。

3.存货周转率

存货周转率是指企业在一定时期内存货占用资金可周转的次数或存货每周转一次所需的天数。其计算公式为：

$$存货周转次数 = \frac{产品销售成本}{平均存货}$$

$$存货周转天数 = \frac{计算期天数(360)}{存货周转次数}$$

存货周转率是存货周转速度的主要指标。提高存货周转率，缩短营业周期，可以提高企业的变现能力。存货周转速度反映存货管理水平，存货周转率越高，存货的占用水平越低，流动性越强，存货转换为现金或应收账款的速度越快。它不仅影响企业的短期偿债能力，也是整个企业管理的重要内容。

4.应收账款周转率

应收账款周转率是指企业在某一时期主营业务收入净额同应收账款平均余额的比率，通常用周转次数和周转天数来表示。其计算公式为：

$$应收账款周转次数 = \frac{主营业务收入净额}{应收账款平均余额}$$

$$应收账款周转天数=\frac{计算期天数(360)}{应收账款周转次数}$$

其中，主营业务收入净额是指企业当期主要经营活动所取得的收入减去折扣与折让后的数额。应收账款周转率可以用来估计应收账款变现的速度和管理的效率。一般认为周转率越高，企业应收账款回收速度越快，既可以节约资金，也说明企业信用状况好，不易发生坏账损失。

（三）盈利能力分析

盈利能力是指企业赚取利润的能力。一般来说，企业的盈利能力是针对正常的营业状况而言的。反映企业盈利能力的指标有很多，通常使用的有销售净利率、资产净利润率、净资产收益率等。

1.销售净利率

销售净利率是指净利润与销售收入的百分比。其计算公式为：

$$销售净利率=\frac{净利润}{销售收入}\times100\%$$

该指标反映每1元销售收入带来的净利润是多少，表示销售收入的收益水平。从销售净利率的指标关系看，净利润与销售净利率成正比关系，而销售收入与销售净利率成反比关系。企业在增加销售收入的同时，必须相应获得更多的净利润，才能使销售净利率保持不变或有所提高。通过分析销售净利率的升降变动，可以促使企业在扩大销售业务的同时，注意改进经营管理，提高盈利水平。

2.资产净利润率

资产净利润率又叫资产报酬率，是企业在一定时期内的净利润和资产平均总额的比率。其计算公式为：

$$资产净利润率=\frac{净利润}{资产平均总额}\times100\%$$

$$资产平均总额=（期初资产总额+期末资产总额）\div2$$

资产净利润率主要用来衡量企业利用资产获取利润的能力，反映了企业总资产的利用效率，表示企业每单位资产能获得净利润的数量，这一比率越高，说明企业全部资产的盈利能力越强。该指标与净利润成正比，与资产平均总额成反比。

3.净资产收益率

净资产收益率反映所有者对企业投资部分的盈利能力，又称所有者权益报酬率或净资产利润率。其计算公式为：

$$净资产收益率 = \frac{净利润}{所有者权益平均余额} \times 100\%$$

所有者权益平均余额 =（期初所有者权益余额 + 期末所有者权益余额）÷2

净资产收益率越高，说明企业所有者权益的盈利能力越强。影响该指标的因素，除了企业的盈利水平以外，还有企业所有者权益的大小。对所有者来说，该比率越大，投资者投入资本的盈利能力越强。该指标既是上市公司对外必须披露的信息内容之一，也是决定上市公司能否配股进行再融资的重要依据。

（四）发展能力分析

企业发展能力也称企业的成长性，它是企业通过自身的生产经营活动，不断扩大积累而形成的发展潜能。主要指标有销售增长率和资本积累率。

1.销售增长率

销售增长率是指企业本年销售增长额与上年销售额之间的比率，反映销售的增减变动情况，是评价企业成长状况和发展能力的重要指标。其计算公式为：

$$销售增长率 = \frac{本年销售增长额}{上年销售额} \times 100\%$$

销售增长率是衡量企业经营状况和市场占有能力、预测企业经营业务拓展趋势的重要指标，也是企业扩张增量资本和存量资本的重要前提，该指标越大，表明其增长速度越快，企业市场前景越好。

2.资本积累率

资本积累率即股东权益增长率，是当年所有者权益增长额同年初所有者权益的比率。其计算公式为：

$$资本积累率 = \frac{当年所有者权益增长额}{年初所有者权益} \times 100\%$$

资本积累率表示企业当年的资本积累能力，是评价企业发展潜力的重要指标，也是企业扩大再生产的源泉。该指标越大，表明企业的资本积累越多，企业资本保全性越强，应付风险、持续发展的能力越强。

（五）财务综合分析

在财务综合分析方法中，比较典型的是杜邦分析体系，简称杜邦分析，它是利用各主要财务比率之间的内在联系对企业财务状况和经营成果进行综合系统评价的方法。杜邦分析以净资产收益率为核心指标，以总资产净利率和权益乘数为两个方面，重点揭示企业盈利能力及权益乘数对净资产收益率的影响，以及各相关指标之间的相互作用关系。传统的杜邦分析图如图7-1所示。

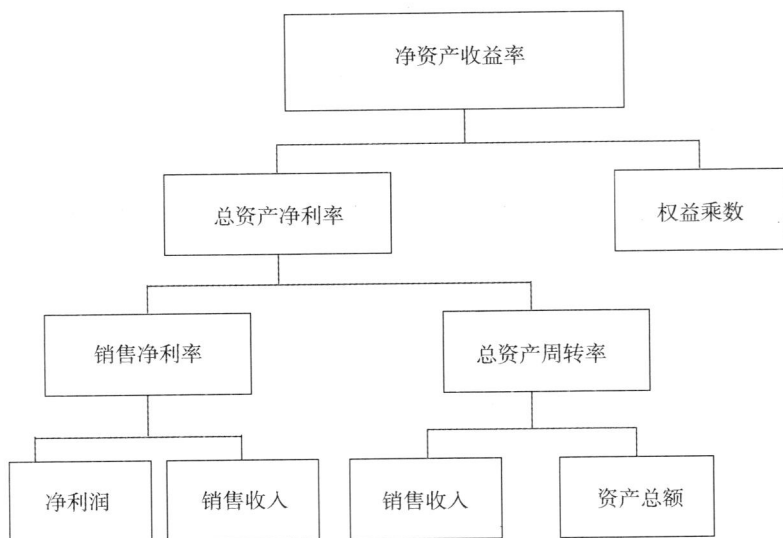

图 7-1　杜邦分析图

四、实训条件

1. 实训时间：4～6课时/40人。
2. 实训地点：多媒体实验室。

五、实训内容（任务）与要求

（一）进行财务分析

根据上一年的财务报表（主要包括现金流量表、资产负债表和利润表）以及收支对比、收入明细、收入来源比例、支出明细、支出项目比例和负债明细等内容，对上一年的经营成果加以总结，并给出下一年的规划方案。财务分析的基本步骤如下：

1.进行单项能力分析

具体分析公司的偿债能力（含财务实力）、营运能力、盈利能力、发展能力等（如有可能，还可进行生产性分析、经营性分析等），得出对各种能力评价的结论。

2.进行基本结构分析

具体就公司的收入和收益结构、成本和费用结构、资产结构、资本（负债）结构进行剖析，发现目前存在的和潜在的问题，指出解决问题的措施。

3.运用杜邦分析法进行综合分析

分析各因素对 ROE（净资产利润率、权益资本利润率）的影响及程度（贡献）大小，找出提高或改善 ROE 的主要途径和方法。

（二）进行运营分析

各团队以本公司的实际经济业务为实训资料，记录实训过程，并分析该实训过程的合理性，总结上一年度的运营策略，并结合上一年度运营中存在的不足，提出下一年度的运营策略（见表 7-1 至表 7-5）。

表 7-1　　　　　　　　　　　公司固定投资分析表

	项目名称	数量（面积）	投入费用	合理性分析
公司架构	购建厂房			
	购建仓库			
	办公室建立			
	人才招聘			

表 7-2　　　　　　　　　　　公司生产管理分析表

	项目名称	数量	投入费用	合理性分析
生产管理	设备购买			
	原材料购买			
	研发投入			
	包装档次			
	生产数量			

表 7-3　　　　　　　　　　　公司广告投入分析表

	项目名称	数量	投入费用	合理性分析
广告宣传	电视媒体			
	纸面媒体			
	户外			
	网络媒体			
	直邮媒体			

表 7-4 公司销售渠道过程状况表

	项目名称	交易次数	是否发货	成交金额
销售渠道	交易洽谈			
	招投标			
	超市合作			
	商场合作			
	专卖店合作			

表 7-5 公司运营策略动态调整表

上一年运营策略不足	下一年针对不足给出新的策略

（三）进行结果分析

实训完成之后，各团队针对自己公司的经营情况，利用现行财务报表结合历史数据计算各项指标，对本公司的偿债能力、运营能力、获利能力、发展能力及综合财务状况进行分析。同时，可以与其他团队的公司经营情况进行对比分析，考察本公司的竞争情况。

六、实训组织方法与步骤

1. 将学生划分为若干小组，一般 2～4 人为一组。

2. 每组学生根据课程预习内容和相关的理论书籍，结合本实训中涉及的各部分内容掌握资金的筹集与资本的运作。

3. 进行操作演练，调动学生思考和发言的积极性，让每组学生进行充分的分析和讨论。

4. 对每个小组的问题进行分析、归纳和总结提炼，提出整体的指导意见，帮助学生掌握本实训内容。

5. 每个小组根据讨论和学习的结果编写实训心得和本季度资金的运作情况，并在整个课程结束时附在实训报告中。

实训八
资本和原材料市场变化下的实训

【思政园地】

采购员职责

第一，采购员负责公司的物资、设备等的采购工作；

第二，服从分配，听从指挥，并严格遵守公司的各项规章制度和有关规定；

第三，负责对所采购材料质量、数量核对工作；

第四，有权拒绝未经领导同意批准的采购订单；

第五，协商或者重新商议并管理与供应者、卖主和其他利益相关者的合同；

第六，监控装载的货物，保证货物按时到达，万一装载货物出现问题，要追踪未送到的货物等。

一、实训介绍

本次实训提高利率与汇率变化频率，减少原材料供应的数量，虚拟不景气的市场环境。

二、实训目的

1. 在市场利率变动的情况下，如何合理控制现有资本，进行生产活动。

2. 在系统利率调整的情况下，谨慎地进行各种资本操作，锻炼对资本运作的能力。

3. 在原材料短缺的情况下，理性地购买原材料，进行合理生产。

4. 把握商机，及时销售现有产品，赚取更多资金。

三、理论知识点

（一）公司环境

公司的经营绩效除了与其内部条件与管理水平有关外，还受到公司外部经营环境的影响。管理环境是指影响公司绩效的各种外部因素。根据管理环境对公司绩效的影响方式不同，可以分为宏观环境和微观环境。

宏观环境是指可能对公司产生影响，但影响的相关性不清楚的各种因素，包括政治、经济、社会文化和科技等。宏观环境一般都不是只涉及某个公司，因此其变动对某公司有什么影响及多大影响可能都不是很清楚。宏观环境对某公司的影响虽然不是直接的，但其产生的后果可能是重大的。因此，公司的管理者必须认真分析和研究公司所面临的宏观环境。

微观环境是指对某个公司的目标实现有直接影响的环境因素。对公司影响比较明显的微观环境因素包括资源供应者、顾客、竞争者、政府及各种利益代表方。

（二）公司环境管理

1.环境状态判定

公司要管理环境，必须了解公司所处的环境状况，根据汤姆森的方法，可以通过环境的变化程度和环境的复杂程度来衡量公司所处的环境。根据环境的变化程度，公司环境分为动态环境和稳定环境：形成环境的各种因素变化大，为动态环境；变化小，为稳定环境。对于稳定环境，公司可以比较准确地预测，对公司的影响较小；与之相反，动态环境可预测性较差，所以公司管理层更关注动态环境。环境的复杂程度与公司环境的组成因素的数量有关，可以分为复杂环境和简单环境。公司接触的顾客、竞争者、供应商、政府部门越少，其环境越简单；反之则越复杂。

根据环境的变化和复杂程度可以形成四种典型的环境状况，如表8-1所示。

（1）稳定且简单的环境。公司在这种环境中处于相对稳定的状态，公司对内部采取强有力的组织措施，通过计划、规章、程序化等方法进行管理。

（2）动荡且简单的环境。公司在这种环境中处于相对简单的、不稳定的状态，一般采取调整内部组织管理的方法来适应变化中的环境。程序化和制度仍然占主要地位，其他方面如营销策略则需要采取有力的措施，以应对快速变化的市场形势。

表8-1 公司环境分类

环境状态		变化程度	
		稳定	动态
复杂程度	简单	稳定且简单的环境 环境影响因素少 环境因素变化不大 环境因素容易了解	动荡且简单的环境 环境影响因素较少 环境影响因素变动 环境因素容易把握
	复杂	稳定且复杂的环境 环境影响因素多 环境因素变化不大 环境因素很难把握	动荡且复杂的环境 环境影响因素多 环境影响因素变动 环境因素很难把握

（3）稳定且复杂的环境。公司处于这种环境时，一般采取分权的形式，根据不同的资源条件来组织各自的活动。

（4）动荡且复杂的环境。公司处于这种环境时，需要采取权力分散下放和各自相对独立决策的经营方式。

2.管理环境的方法

公司在了解和掌握各种环境因素的基础上，考察各种环境因素对公司有何影响，影响的程度如何，是否可控等，在此基础上，公司对各种环境因素作出相应的反应。公司需要充分利用环境的有利方面，同时尽力通过公司的行为去影响环境，并改变公司的内部结构和条件去适应环境。总之，公司在环境面前不是完全无能为力的，可以采取相应的措施，变被动为主动，应对环境变动时，可以采取调整公司结构、制定发展战略等措施，以减少公司的损失（见表8-2）。

表8-2 公司应对环境变化的常用方法

制定战略	公司在分析环境的前提下，预测环境的变化趋势，提前做好必要的应对措施，如公司层面的多元化、一体化、战略收缩等，竞争层面的差异化、低成本等
联合	公司与其他公司实现合作共赢，包括合资、联盟、并购、参股等
调整结构	刚性的组织结构对稳定环境比较适应；弹性结构更能适应复杂多变的环境，必要时适当减少一些岗位和人员
广告	广告可建立品牌忠诚度，减少顾客的流失，同时减少竞争者的影响

（三）市场利率及原材料变动下的企业运作

公司在面对市场环境变化时，需要分析市场环境因素对企业产生的影响，采取必要的措施以应对市场环境因素的变化对公司的影响。

1.市场利率变动对企业的影响

利率是资金的使用权转让价格、存款人的投资回报率或借款人的资金成本，它是一种经济调节杠杆。

（1）利率调整对公司利润的影响。利率调整增加了公司利息支出，随着贷款额度的增加，公司贷款利息支出占财务费用的比重呈上升趋势，公司盈利能力有所下降；反之，公司财务费用减少，利润相应增加。

（2）利率调整对融资成本的影响。利率调高增加了公司的融资成本，促使一些具有多元化融资渠道的公司融资结构发生变化；反之，利率下降则减少了公司的融资成本，促进公司多元化融资结构的形成，使公司的资本结构更为合理。

（3）利率调整对投资成本的影响。利率调高增加公司投资的机会成本，降低公司投资的愿望；反之，利率调低会减少公司投资的机会成本，提高公司投资的愿望。

当市场利率变化时，可以结合公司的实际进行资本运作，实现资本增值的最大化。可以采取两种方法进行资本运作：一是扩大资本的规模；二是提高资本的利用效率。尤其是当市场利率下降时，融资成本降低，可以扩大资本规模，提升产品市场份额，实现公司资本增值。同时，通过强化管理来提升资本的利用效率。

2.原材料价格变动对企业的影响

原材料价格变动直接影响公司的利润，公司必须密切关注原材料价格的变动情况，与供应商合作形成稳定的原材料来源。同时，强化生产管理，采取必要措施减少原材料价格变动对公司造成的影响。强化生产管理方面需要注意以下方面：

（1）以销定产。生产部门要以营销部门的销售计划为基准来确定自己的生产计划，否则在实行时就很可能会出现产销脱节的问题——要么是生产出来的产品不能出货，要么是能出货的产品却没有生产。不管是哪一种情形，都会给企业带来浪费。当然，由于市场本身瞬息万变，所以营销部门有时也无法确定未来一段时期内的销售计划。这时，生产部门就要根据以往的出货及当前的库存情况来安排计划。生产计划制订出来后一定要传达给采购部门以及营销部门。

（2）信息共享。虽然说原材料的供给是采购部门的职责，但生产部门有必要随时把握生产所需的各种原材料的库存数量，目的是在原材料发生短缺前能及时调整生产并通报营销部门，以便最大限度地减少原材料不足所带来的损失。

（3）控制进度。为了完成事先制订的生产计划，生产管理者必须不断地确认生产的实际进度，及时将生产实绩与计划作比较，以便及时发现差距并采取有效的补救措施。

（4）保证品质。衡量产品品质的指标一般有两个：过程不良率及出货检查不良率。把握品质不仅仅要求生产管理者去了解关于不良的数据，而且更要对品质问题进行持续有效的改善和追踪。

（5）及时出货。按照营销部门的出货计划安排出货，如果库存不足，应提前与营销部门联系以确定解决方法。

（四）企业合作

面对环境的不确定性，企业之间可以开展合作，充分发挥各自的优势，以抵御外部环境变动导致的风险。当经济不景气或市场有较大变动时，可以考虑企业之间的合作。

企业合作是指不同的企业之间通过协议或其他联合方式共同开发产品或市场，共享利益，以获取整体优势的经营活动。

1.企业合作的意义

（1）增加合作各方的收益。这是合作的基础。通过合作，合作各方可以利用合作的整体优势，把蛋糕做大。与此同时，合作各方都能从中获得较多的收益。

（2）通过合作可以创造和开拓新市场。通过合作，企业间可以联手利用各自的优势，共同开拓一个市场。如果企业之间不合作，单靠自己的力量，有时是不可能开拓一个新领域的。

（3）通过合作可以加快产品开发和投入市场的进程。由于市场竞争激烈，市场的变化也非常迅速，一个市场机会的出现，很快会有许多企业来争夺。企业必须尽早地开发出满足这一市场机会的产品，否则企业就会被市场淘汰，为此企业必须加快产品开发的步伐。要加快产品开发的步伐，除了企业本身努力外，重要的一点就是合作。

（4）通过合作可以使合作各方费用共摊，风险共担。现代企业的产品开发、生产、销售等活动越来越复杂，企业花在经营方面的费用也越来越多，这样就增加了企业经营的风险，一旦决策失误或在经营过程中出现难以预测的情况，企业很可能遭受很大的损失，甚至一蹶不振。通过合作，可以将研究开发和经营的费用分摊给合作各方，同时经营的风险也分散给各个企业。

（5）促进资源的合理利用。在经济活动中，资源不是取之不尽、用之不竭的，因此合理高效地使用有限的资源，让其发挥最大的效用是合作各方追求的结果。

2.企业合作的形式

当今具有代表性的企业间合作形式有企业合作网络、战略联盟、供应链管理、业务外包、虚拟企业等。

（1）企业合作网络。企业合作网络就是将企业和经济组织间相互依赖的关系看作一种企业网络，各参与方就是网络中的节点。处于企业网络中的企业间的互动将不是通过市场交易，也不是通过企业的内部一体化过程，而是通过组织间的彼此协调来完成。企业可以通过网络来获得资源，使自己有可能克服自身的局限，实现企业的经营目标。

（2）战略联盟。战略联盟又称策略联盟，它是两个乃至多个企业或经济组织之间为了达到某种战略目的，通过某种契约或者部分股权关系而形成的一种合作形式。战略联盟的主体对象十分广泛，它不仅包括通常意义上的合作实体，如互补意义上的生产商、供应商、上下游企业、科研院所、政府部门等，还可能包括昔日甚至目前的对手。战略联盟主体之间的合作，有时是全面的，但更多的时候是基于某一特定的目的，在某一方面所进行的合作。

（3）供应链管理。供应链管理实际上是一个企业与其供应商、供应商的供应商，依次向前直到最初的供应商，以及与其销售商、销售商的销售商，按此向后直到最终用户之间的关系网链管理。供应链是市场渠道各层之间的一个联结，供应链管理是控制供应链中从原材料直到最终用户的一种管理思想和技术。

（4）业务外包。业务外包所推崇的理念是，如果公司在企业价值链的某一环节上不是行业最佳，也不涉及公司核心竞争优势，舍弃这个环节不至于使公司客户流失，那么应把它外包给专业公司。也就是说，首先要确定企业的核心竞争优势，并把企业内部的智能和资源集中在那些具有核心竞争优势的活动上，然后将剩余的其他企业活动外包给好的专业公司。

（5）虚拟企业。所谓虚拟企业，是指在有限资源的条件下，为取得最大的竞争优势，企业以自己拥有的优势产品或品牌为中心，由若干规模各异、拥有专长的小型企业或车间，通过信息网络和快速运输系统连接起来而组成的开放式组织形式。

3.企业合作的原因

（1）资源依赖的互补。企业必须与它所处的环境进行交换来获取需要的资源，这就需要企业与外部各种实体之间相互依赖，有助于企业长期绩效产生（Kalwani and Narayandas，1995）。外部组织可以是供应商、竞争者、顾客、政府部门。在企业参与合作伙伴的建立中，可以增强控制关键资源的能力，以获取先进技术和稀缺资源，实现关键资源的优势互补，这是一种战略资源需求和社会资源机会驱动的结果，是公司寻求的相比其他资源联合能更好地实现资源价值优化的尝试。

（2）核心能力的加强。核心能力从战略上将本企业与其他企业区分开来，它注重带来企业本身具有而竞争对手不具备的显著竞争优势，这种竞争优势具备价值性、稀缺性、不完全可模仿性、不可替代性等（Prahalad and Hamel，1990），并由此产生高于市场平均水平的利润。企业不可能也没有必要在每个方面都做到最优，企业需要集中力量发展自己的优势项目，把不擅长的、不重要的活动交给其他企业去完成，由此产生了合作的需求。这种出于企业自身降低成本和提高效率的内部驱动式合作具有长久性和相互信任性。

（3）企业战略的选择。企业建立战略伙伴关系是为了提高自己的竞争能力或市场营销能力。伙伴关系建立的原因也是多种多样的，不单纯是从某种资源需求或交易成本的角度进行考虑，战略合作选择的范围较为广泛。

（4）相互学习的需要。企业之间建立合作关系可以使其获得新的学习机会。从对方获取新的技术和技能，并通过自身创新和结合自身优势，优化学习曲线，达到发展和壮大的目的。

（5）制度完善的需要。制度环境和社会规范会对企业形成压力。企业必须向着社会规范的方向努力，最好加入到合作伙伴的关系之中，获得别人的信任以及一些相关资源，以提高规范化、制度化的能力，帮助自己得到关键资源和经验，使企业声誉、社会价值与环境相吻合。

（6）关系加强的途径。企业的关键资源可能在组织的边界之外，这就需要在企业内外构建关系形成新的竞争优势，如特定关系资产、共同拥有的知识、互补的资源和能力、有效的管理机制。合作关系的设定，有利于协同发展和提高生产率。关系构筑越强，企业获取经验和资源的能力也就越强，对手越难于模仿。

四、实训条件

1. 实训时间：4～6课时/40人。
2. 实训地点：多媒体实验室。

五、实训内容（任务）与要求

1. 完成在市场不景气下的经营规划，进行公司的构架以及生产管理。
2. 在交易市场中参与竞标，寻求自己的合作伙伴。
3. 进行合理的研发投入和广告宣传，提高产品品质和产品知名度。
4. 选择适合自己的渠道进行合作，并及时配送发货。
5. 查看自己的财务状况。
6. 进行运营分析。分析过程参考实训七。

六、实训组织方法与步骤

1. 将学生划分为若干小组，一般2～4人为一组。
2. 每组学生根据课程预习内容和相关的理论书籍，结合本实训中涉及的各部分内容掌握动态环境下的企业运作情况。
3. 进行操作演练，调动学生思考和发言的积极性，让每组学生进行充分的分析和讨论。
4. 对每个小组的问题进行分析、归纳和总结提炼，提出整体的指导意见，帮助学生掌握本实训内容。
5. 每个小组根据讨论和学习的结果编写实训心得和本季度企业运作情况，并在整个课程结束时附在实训报告中。

实训九

综合实训与模拟对抗考试

【思政园地】

企业如何处理与竞争者的关系

企业处理与竞争者的关系需要做好以下两件事：

第一，把竞争对手当作自己的一面镜子。有思想的领导者可以通过竞争对手的产品改善自己的产品，取得更大的竞争优势。应该尽可能多地掌握竞争对手的信息，所谓"知己知彼，百战不殆"也适用于商场。

第二，要想掌控市场走向，必须清楚自己与竞争对手各自的优势和劣势，制定切实可行的销售战略，才能步步为营。由于客户需求和自身产品特点之间的差异，竞争对手之间其实可以取长补短，借助双方优势，强强联合抱团，一起开拓市场，共同促进产业发展，提升国家产业竞争力。

一、实训介绍

本次实训为综合实训，所有实训数据恢复为初始状态，学生总资本设置为1 000万元。学生进行常规状态下的实训。

本实训结合互联网络通信技术和计算机系统的强大处理能力构造一个真实的企业经营环境，让学生从企业的战略定位、整体规划到产品质量管理、生产管理，从企业的计划与决策到产品的销售市场分析进行模拟训练。学生通过使用本软件可以剥开企业经营的复杂外表，直探经营运作的核心本质，对企业战略策划、资源分配、投资分析、生产管理等方面都将有深刻的理解。

二、实训目的

1.综合利用所学专业知识及整个实训期间对软件的了解和把握，学会解决从企业的战略定位、整体规划到产品质量管理、生产管理以及从企业的计划与决策到产品的销售市场分析等问题。

2. 通过综合实训，让学生体验企业运营过程、企业管理过程等，实现理论与实践的有效结合，解决教学中存在的学生实践动手能力严重不足的问题。

3. 通过综合实训，让学生了解企业资源的有限性，明白企业竞争优势及企业运营计划与商业决策能力的重要性。

4. 系统全面地锻炼学生的思考能力、分析能力、判断能力、归纳能力、总结能力、应变能力、创新意识、创新能力等，并让学生真实体验企业运营和管理的方法。

5. 各团队进行对抗性实训，实训结果按公司盈利综合排名，训练各团队成员分工协作的能力。

三、理论知识点

因特纳经营决策仿真系统主要由市场经济条件下的产品销售竞争决策、企业内部的生产能力调整决策、生产材料订购批量决策及决策方案成果全面核算等四大模块组成，其基本构成原理如下：（1）引进竞争机制，建立竞争市场。（2）突出以销定产，合理组织生产。（3）平衡材料需求，优化订购批量。（4）注重经济效益，全面核算方案。实训过程中需要关注以下方面：

（一）市场部分

运用因特纳经营决策软件查看市场需求时，客户端显示的是各地区各档次商品的总需求数目，没有其他竞争对手，因此市场地位不好把握。

开拓市场时，有"初步的市场调查"到"设立地区分公司"从低到高不同分值的开拓手段，但是不论用何手段开拓一个市场之后，对公司知名度等市场因素无任何影响。

（二）生产部分

（1）原材料配比。购买原材料时，需要注意各种原材料需求比例不同。各团队在组织生产时，有些团队可能没有注意原材料构成比例，按照一定比例（比如 1：2：3：4）购进了原材料，而生产完毕查看原材料库存时，发现有些原材料耗尽，而有些原材料则有剩余。这时才发现原材料是按照相同比例（即1：1：1：1）组成成品的，这就占用了资金，影响整体效益。

（2）技术研发和技术购买。技术研发需要1~2年的时间才能完成，且有一定的失败率。技术购买的数量直接关系到能否生产高档次和中档次产品。实训表明，生产档次与当期的技术研发无关。因此，公司在发展初期可直接购买技术，而不必投入研发费用、研发人员和办公室等。

（三）库存部分

原材料库存和成品库存都必须满足库房容积的要求，以免由于库存不足或者积压等原因无法进行正常生产。实训时有些团队可能不了解情况，默认租赁的库房过小不能满足大批量生产的要求，导致后期租赁等管理费用过高。

（四）物流部分

实训模拟过程中物流问题主要是某年度没有及时给合同零售商发货，会使公司信用额度降低，导致该地区其他零售商提高产品的进入壁垒。

（五）销售部分

首先是提高品牌知名度，投放"媒体广告""报纸广告""户外广告""网络广告"需要输入种类和数量。种类决定该广告的影响数值，数量决定该广告的影响时间（1个数量=1年）。在公司成立早期，适时投入广告费用达到本地区零售商要求即可，不需要过多的广告费。

其次是定价策略，定价时要考虑到本年度的生产成本，不能低于成本价（早期的成本=生产成本+管理费用+销售费用+设备折旧）。另外，定价要考虑当地零售商的接受度，注意价格确定之后不能修改。

最后是促销手段，可以直接降价，也可以开展促销活动。直接降价导致价格降低以便进入市场，促销活动的效果在实训中不能直接观测。

（六）财务部分

财务报表在第二年才能查看，但是支出和收入有实时记录。通过该记录可以计算自己的生产成本。

第二年查看财务报表时，注意IRR、NPV、投资回收期等数据，可以考虑银行贷款。但是由于公司经营不善可能导致贷款额度越来越小，因此为了扩大生产需要早贷款，这样资金流会比较宽裕。

四、实训条件

1. 实训时间：8～10课时/40人。
2. 实训地点：多媒体实验室。

五、实训内容（任务）与要求

1. 根据前面所学各模块内容，进行企业经营决策的综合模拟。

2.通过模拟市场竞争，进行对抗式比赛。

3.撰写实训报告。

六、实训组织方法与步骤

1.将学生划分为若干小组，一般2～4人为一组。

2.每组学生按照比赛规则进行模拟对抗，具体包括：

（1）学生按要求在5分钟之内登录系统并注册。

（2）教师以相应的身份登录并检查相关设置。

（3）学生在2小时内进行模拟经营比赛，比赛期间各小组可借助相关的计算工具辅助决策，选择合适的零售商、超市、专卖店、分销商合作，注意利润的积累。

（4）比赛过程中老师严格把控时间，并对一些技术性和理论性问题给予解答，最后根据系统成绩宣布各小组的比赛情况。

3.每个小组根据比赛过程和结果编写实训心得和本企业的经营决策模拟与运作情况，并在整个课程结束时附在实训报告中。

主要参考文献

［1］企业会计准则编审委员会. 企业会计准则［M］. 上海：立信会计出版社，2015.

［2］财政部企业司. 《企业财务通则》解读［M］. 北京：中国财政经济出版社，2007.

［3］全国会计从业资格考试专用教材编写组. 会计基础［M］. 北京：北京理工大学出版社，2016.

［4］董德民. 中小企业管理信息化研究［M］. 北京：经济科学出版社，2013.

［5］梁俊娇，孙亦军. 税务管理［M］. 北京：中国人民大学出版社，2014.

［6］马仁杰，王荣科，左雪梅，等. 管理学原理［M］. 北京：人民邮电出版社，2013.

［7］邢以群. 管理学［M］. 2版. 北京：高等教育出版社，2014.

［8］夏乐书，等. 资本运营理论与实务［M］. 4版. 大连：东北财经大学出版社，2013.

［9］肖怡. 企业连锁经营管理［M］. 大连：东北财经大学出版社，2009.

［10］陈荣秋，马士华. 生产运作管理［M］. 北京：机械工业出版社，2013.

［11］肖万. 公司财务管理［M］. 北京：中国人民大学出版社，2012.

［12］甘丽凝. 资产质量、资本结构与企业价值［M］. 上海：上海财经大学出版社，2010.

［13］郑锐洪，王振馨，陈凯. 营销渠道管理［M］. 2版. 北京：机械工

业出版社，2016.

[14] 姚荣庆．生产组织与管理［M］．北京：机械工业出版社，2013.

[15] 巴罗．企业物流管理——供应链的规划、组织和控制［M］．王晓东，等译．2版．北京：机械工业出版社，2006.

[16] 张德，潘文君．企业文化［M］．2版．北京：清华大学出版社，2013.

[17] 洪功翔．政治经济学［M］．3版．合肥：中国科学技术大学出版社，2014.

[18] 刘海桑．政府采购、工程招标、投标与评标1200问［M］．2版．北京：机械工业出版社，2016.

[19] 国务院法制办公室．中华人民共和国招标投标法（含招投标法实施条例）注解与配套［M］．3版．北京：中国法制出版社，2014.

[20] 周庭芳，汪炜．经济法概论［M］．3版．武汉：武汉理工大学出版社，2013.

[21] 张学谦，闫嘉韬，等．企业财务报表分析原理与方法［M］．北京：清华大学出版社，2007.

[22] 荆新，王化成，刘俊彦．财务管理学［M］．7版．北京：中国人民大学出版社，2015.

[23] 姚晓民．财务管理［M］．2版．上海：上海财经大学出版社，2013.

[24] 吴水澎．会计学原理［M］．北京：经济科学出版社，2011.

[25] 陈冰．企业经营决策模拟沙盘实战［M］．北京：高等教育出版社，2014.

[26] 宋洪安，王林清．沙盘模拟企业经营实训教程［M］．北京：清华大学出版社，2023.

[27] 崔晓敏，刘洪斌．ERP沙盘模拟企业经营实训教程［M］．北京：机械工业出版社，2022.

附录一

实训考核方式

1. 实训报告

（1）完成整个实训后提交一份实训报告，并将平时作业纳入其中。

（2）报告内容包括：①综述；②对决策软件主要模块情况进行描述；③对决策模拟竞赛过程的情况进行描述；④依据竞赛结果对本组的经营决策进行分析和总结；⑤结合整个实训过程阐述心得体会。

2. 考核方式

（1）实训课的考核方式：平时成绩+报告成绩。其中，平时成绩包括考勤、学习态度和每次实训结束后的记录完成情况。指导教师按照实训大纲要求，根据学生在实训过程中的出勤情况、具体表现以及实训报告的内容评定成绩，必要时可对学生进行考查（笔试或口试），然后综合评定成绩，在评定成绩时要适当考虑学生在实训过程中遵守纪律的情况和实训态度。

（2）实训课考核成绩确定：实训总成绩分为优、良、中、及格、不及格五个等级，其中平时成绩占60%，最后报告成绩占40%。

3. 评定标准

（1）优秀。全部完成实训大纲要求，实训过程非常认真，实训中取得的经营业绩优异，实训总结有丰富的实际材料并对实训内容进行全面、系统的总结，有自己的思考和总结，能够运用学过的理论对某些生产问题加以深入的分析说明，考核时能圆满地回答问题，实训中无违反纪律现象。

（2）良好。全部完成实训大纲要求，实训认真，实训报告对实训内容有较系统的总结，表现出较好的思考和总结能力，能够运用实际材料或理论知识说明某些问题，考核时能比较圆满地回答问题。

（3）中等。基本完成实训大纲要求，实训较认真，实训报告对实训内容有一定的总结和分析，有一定的自己的想法，考核时能回答主要问题。

（4）及格。基本完成实训大纲要求，实训总结内容全面，观点基本正确，考核中能基本回答主要问题，但有个别原则性错误。

（5）不及格。未能完成实训大纲的基本要求；实训不认真，参与度不高；实训总结单纯罗列材料，没有思考和总结；考核时不能正确回答主要问题。另外，凡实训中有严重违反纪律的现象，无故缺勤达总实训天数 1/3 以上者，或病事假天数超过总实训天数 1/3 者，视为平时成绩不及格，实训成绩以不及格计。

附录二

实训/实验报告

江苏海洋大学

商 学 院

实 验 报 告 书

题 目： 工商管理综合实训

专 业： _____

班 级： _____

组 员： _____

_____

_____

年 月 日

格式规范要求：

1 实训介绍（作为正文第 1 章标题，用小 3 号黑体，加粗，并留出上下间距为：段前 0.5 行，段后 0.5 行）

××××××××（小 4 号宋体，20 磅行距）××××××××××××××××××××××××××××××××××××……

1.1 ×××××（作为正文 2 级标题，用 4 号黑体，加粗）

××××××××（小 4 号宋体，20 磅行距）××××××××××××××××××××××××××××××××××××……

1.1.1 ××××（作为正文 3 级标题，用小 4 号黑体，不加粗）

××××××××（小 4 号宋体，20 磅行距）××××××××××××××××××××××××××××××××××××……

2 实训内容（作为正文第 2 章标题，用小 3 号黑体，加粗，并留出上下间距为：段前 0.5 行，段后 0.5 行）

××××××××（小 4 号宋体，20 磅行距）××××××××××××××××××××××××××××××××××××……

…………

3 实训过程（作为正文第 3 章标题，用小 3 号黑体，加粗，并留出上下间距为：段前 0.5 行，段后 0.5 行）

××××××××（小 4 号宋体，20 磅行距）××××××××××××××××××××××××××××××××××××……

××××××××××××××××××……

4 实训总结（作为正文第 4 章标题，用小 3 号黑体，加粗，并留出上下间距为：段前 0.5 行，段后 0.5 行）

××××××××（小 4 号宋体，20 磅行距）××××××××××××××××××××××××××××××××××××……

××××××××××××××××××……

5 实训体会（作为正文第 5 章标题，用小 3 号黑体，加粗，并留出上下间距为：段前 0.5 行，段后 0.5 行）

××××××××（小 4 号宋体，20 磅行距）××××××××××××××××××××××××××××××××××××……

××××××××××××××××××……

注：1.正文中表格与插图的字体一律用 5 号宋体；

2.正文各页的格式请以此为标准复制；

3.实训体会小组每个成员都要写（必须用A4纸手写），且每个人不少于1 000字。